n. Grafrath
n. Fürstenfeldbruck
Amper
Würm
Landsberg
Stegen
Inning
Grünsink
Weßling
Gauting
n. München
Greifenberg
Weßlinger See
Bachern
Wörthsee
Steinebach
Windach
Buch
Schondorf
Oberalting
Breitbrunn
Pilsensee
Seefeld
Utting
Würm
Ammersee
Holzhausen
Herrsching
Starnberg
Maisinger See
Pöcking
Berg
Andechs
Isar
Möhrlbach
Possenhofen
Leoni
Aufkirchen
Dießen
Aidenried
Feldafing
Rosen-
insel
Weipertshausen
Tutzing
Wolfratshausen
Raisting
Ilkahöhe
Pähl
Ammerland
Münsing
Starnberger See
Rott
Ammer
Holzhausen
Degerndorf
Bernried
Zellsee
Weilheim
Seeshaupt
Loisach
hongau
Peißenberg
Ammer
Osterseen
Iffeldorf
n. Bad Tölz
13

Martin und Brigitta Siepmann

... IM BAYERISCHEN FÜNFSEENLAND

EINE BILDERREISE

Martin und Brigitta Siepmann

IM BAYERISCHEN FÜNFSEENLAND

EINE BILDERREISE

Deutsch · English · Français

BAYERLAND

Abbildungen auf dem Buchumschlag:

Vorne: Starnberger See bei St. Heinrich

Hinten: Kloster Andechs, Uferpartie bei Ambach am Starnberger See, Schifffahrt auf dem Ammersee, Töpfermarkt in Dießen am Ammersee, Buchheim Museum der Phantasie bei Bernried, Bootshaus am Wörthsee, Fischer auf dem Starnberger See, »Kurparkschlössl« im Herrschinger Kurpark

Die Abbildung auf Seite 82 erscheint mit freundlicher Genehmigung der Bayerischen Verwaltung der staatlichen Schlösser, Gärten und Seen.

In ähnlicher Aufmachung bereits erschienen:

Martin und Brigitta Siepmann
Bad Tölz-Wolfratshausen – Der Landkreis
Deutsch – Englisch
ISBN 978-3-89251-436-7

Wilfried und Lisa Bahnmüller
Altötting – Der Landkreis zwischen Inn und Salzach
Deutsch – Englisch
ISBN 978-3-89251-440-1

Wilfried und Lisa Bahnmüller
Bayerisches Oberland – Eine Bilderreise
Deutsch – Englisch
ISBN 978-3-89251-428-2

Wilfried und Lisa Bahnmüller
Oberbayern – Eine Bilderreise
Deutsch – Englisch
ISBN 978-3-89251-419-0

Wilfried und Lisa Bahnmüller
Naturschatz Bayerischer Wald
Landschaft · Kultur · Leute
Deutsch – Englisch
ISBN 978-3-89251-404-6

Wilfried und Lisa Bahnmüller
Dreiflüssestadt Passau
Deutsch – Englisch
ISBN 978-3-89251-386-5

Wilfried und Lisa Bahnmüller
Weltkulturerbe Regensburg
Deutsch – Englisch
ISBN 978-3-89251-374-2

Wilfried und Lisa Bahnmüller
An der bayerischen Donau
Deutsch – Englisch
ISBN 978-3-89251-369-8

Unser gesamtes lieferbares Programm und Informationen über Neuerscheinungen finden Sie unter www.bayerland.de

Verlag und Gesamtherstellung:
Druckerei und Verlagsanstalt »Bayerland« GmbH
85221 Dachau, Konrad-Adenauer-Straße 19

Fotos: Martin Siepmann

Einleitung und Bildtexte: Brigitta Siepmann

Übersetzungen: Marc Selway (Englisch)
Geneviève Coulon (Französisch)

Grafik Buchvorsatz: Christine Valk

Printed in Germany · ISBN 978-3-89251-441-1

Seenlandschaft im Alpenvorland

Gewaltige Ereignisse in der Erdgeschichte wie die Auffaltung der Alpen und die Eiszeit bis vor etwa 10 000 Jahren schufen den landschaftlichen Rahmen im bayerischen Voralpenland; Menschen gestalteten seit Jahrtausenden die bunten, abwechslungsreichen Landschafts- und Lebensbilder, mit Licht- und auch mit Schattenseiten.

Es gibt viele reizvolle Gegenden in diesem Land vor den Alpen, und sie sind längst kein Geheimtipp mehr. Eine davon beginnt vor den Toren der bayerischen Landeshauptstadt München. Sie wird im Osten vom Starnberger See und im Westen vom Ammersee begrenzt. Beide sind Rahmen und Mittelpunkt zugleich in einer der schönsten Voralpenlandschaften Bayerns.

Historiker zählen dieses Gebiet zum »Huosigau«. Dieser Name geht auf die Bajuwaren zurück, die nachweislich ab dem 6. Jahrhundert vor den Alpen siedelten. Ihre Stammesherzöge teilten das Land in Grafschaften auf. Die bajuwarische Sippe der Huosi erlangte dadurch um Weilheim, aber auch um Starnberg und Dießen besonderen Einfluss.

Ende des 11. bis Anfang des 13. Jahrhunderts beherrschten die Grafen von Dießen das Land um die Seen. 1132 verlegten sie ihren Sitz in die Burg Andechs und nannten sich fortan Grafen von Andechs. Nach jahrelangen Machtkämpfen erlangten die Wittelsbacher im 13. Jahrhundert die Herrschaft in Bayern und behielten sie mehr als sechshundert Jahre lang.

Schon vor den Bajuwaren kamen und gingen viele Herren. Funde auf der Roseninsel, der einzigen Insel im Starnberger See, reichen noch vor die frühe Bronzezeit zurück. An zahlreichen Orten, etwa bei Herrsching und bei Widdersberg, wurden Zeugnisse der frühen Bronzezeit beziehungsweise der Urnenfelderzeit entdeckt. Eine gut erhaltene Schanze bei Buchendorf erinnert an die große Zeit der Kelten ab etwa 500 v. Chr. Von 15 v. Chr. bis ins 4. Jahrhundert n. Chr. regierten die Römer. Zwei ihrer wichtigsten Straßen, die Verbindungen zwischen Salzburg und Augsburg sowie zwischen Bozen und Augsburg, durchqueren die Region.

Bekannt ist das Gebiet vor allem unter dem Namen »Fünfseenland«. Nur die größeren Seen sind dabei gezählt: der Starnberger See, der Ammersee, der Pilsensee, der Weßlinger See und der Wörthsee. Tatsächlich leuchten viel mehr blaue und grüne Wasseraugen aus den mit Wäldern und Wiesen überzogenen Moränenhügeln. Manche der Seen liegen einzeln, andere, wie etwa die malerischen Osterseen im Süden des Starnberger Sees, bilden kleine Seenplatten. Nur wenigen ist es noch vergönnt, ein unauffälliges und geschütztes Dasein im Wald oder hinter einem breiten Schilfgürtel zu führen, denn Weiher und Seen sind begehrte Wohnplätze und Naherholungsziele.

Was ist es, das die Menschen wie magisch zum Wasser zieht? Für viele ist es das Naturerlebnis, der Wechsel der Farben im Lauf des Tages und der Jahreszeiten. Sonne und Himmel spiegeln sich im Spiel der Wellen. Ihr Plätschern ist Musik für die Seele. Sie bringen Gedanken zum Schwingen und tragen sie nicht selten ins Reich der Träume und der Fantasie. So wundert es nicht, dass vor allem schöpferische Menschen immer wieder dem Zauber der Seen erliegen. Aber andere lassen sich ebenso gerne an Seen nieder. Eine solche Wohnadresse bedeutet nicht nur einen hohen Freizeit- und Erholungswert, sondern ist repräsentativ und signalisiert in unserer Gesellschaft Ansehen und Bedeutung. Daneben locken an den Seeufern ganz profane Genüsse, zum Beispiel das Bad im Wasser und in der Sonne, der Genuss von fangfrischem Fisch, eine Ruderpartie, eine kühle Mass Bier in einem der schattigen Biergärten – oder die Möglichkeit, einen Blick auf einen der vielen Prominenten zu erhaschen, die an den Seen wohnen und die wir aus Film und Fernsehen oder von kulturellen Veranstaltungen her kennen.

Dieser Bildband kann nur einen kleinen Überblick verschaffen über die reiche Landschaft um den Starnberger See und den Ammersee. Allein die unzähligen Schlösser, Herrensitze und Villen entlang der Ufer könnten ein Buch füllen. Die meisten dieser Bauwerke sind malerisch bis eigenwillig und dem neugierigen Blick leider immer wieder durch hohe Mauern oder Grün entzogen. Diese verbergen jedoch auch die Bausünden, zu unserem Glück.

Wir beginnen unseren Streifzug dort, wo das Wasser den Starnberger See verlässt: an der Würm südlich des alten Römerortes Gauting. Mit einigen geografischen Abstechern umrunden wir den See von Osten nach Westen. Über Weßlinger See, Pilsensee und Wörthsee erreichen wir den Ammersee, den wir vom Norden her einmal entgegen dem Uhrzeigersinn umrunden, bis unsere Reise in Herrsching endet.

Unsere erste Station ist das stille, grüne Würmtal, wo sich eine Wanderung zum schattigen Biergarten am Schloss Leutstetten anbietet. Hier treffen wir zum ersten Mal auf die Wittelsbacher, denn das Schloss aus dem 16. Jahrhundert ist seit 1875 in ihrem Besitz. Wir werden den Wittelsbachern rund um den Starnberger See immer wieder begegnen. Die Entwicklung dieses beliebten Sees, der eigentlich nach seinem Abfluss »Würmsee« hieß und erst 1962 offiziell zum »Starnberger See« wurde, ist seit Jahrhunderten untrennbar mit diesem bayerischen Herrschergeschlecht und der Landeshauptstadt München verbunden.
Wittelsbachische Herzöge, Kurfürsten und Könige genossen im Sommer das Leben am See. Die höfische Nutzung blieb zunächst ohne weiteren Einfluss, doch um ihrem Herrscher auch im Sommer nahe zu sein und möglicherweise nützliche Beziehungen knüpfen zu können, erwarben ab dem 17. Jahrhundert hohe Beamte, der Hofadel und Münchner Patrizier Grund am See. Ab Ende des 18. Jahrhunderts entdeckten berühmte Maler wie Carl Rottmann (1797–1850) die herrliche Landschaft. Die Rottmannshöhe bei Assenhausen ist nach ihm benannt. Um 1810 veränderten die ersten Villen das bis dahin höfisch oder dörflich geprägte Erscheinungsbild der Ufer. Seit Mitte des 19. Jahrhunderts ließen sich immer mehr Künstler am See nieder wie etwa Sänger, Schriftsteller, Bildhauer und Maler. Viele bekannte Persönlichkeiten sind auch an seinen Ufern geboren, so die Schriftsteller Oskar Maria Graf (1894 in Berg) und Patrick Süskind (1949 in Ambach) oder die Schauspieler Marianne Sägebrecht (1945 in Starnberg) und Josef »Sepp« Bierbichler (1948 in Ambach).
Wie in vielen anderen der kleinen Dörfer rund um den See fristeten auch die Starnberger ihren kargen Lebensunterhalt als Fischer. Gegen Ende des 15. Jahrhunderts aber verlegte Herzog Albrecht IV. den Sitz des Münchner Hofes während der Sommerwochen ins Starnberger Schloss. Die »große« Stunde des Sees schlug allerdings erst im Jahre 1651, als Kurfürst Ferdinand Maria die Regierung übernahm und eine unvergleichliche Flotte bauen ließ. Starnberg wurde zum Ausgangspunkt der wittelsbachischen Prunkschifffahrt. Rauschende Feste zu Wasser und zu Land zogen Handwerker und Hilfskräfte an, doch die Fischer blieben arm. Die »Urbarfischer«, später »Hoffischer«, mit Sitz in Feldafing, Tutzing, Ambach und auf der Roseninsel hatten nun den riesigen Bedarf der Hofküche zu decken, aber für einen Preis, der weit unter dem Marktwert ihres Fanges lag. 1851 brachte der Beginn der Dampfschifffahrt und 1854 der Eisenbahnanschluss an München einen sprunghaften Anstieg im Tagestourismus. Das Starnberger Schloss diente zu dieser Zeit nur noch als Verwaltungssitz. Aber Schlösser und Edelsitze in Possenhofen, Garatshausen, Tutzing, Bernried, Ammerland, Allmannshausen, Berg, Kempfenhausen und Leutstetten vermittelten das Gefühl, zumindest beobachtend höfische Atmosphäre zu erleben. Starnberg profitierte davon. Die Bevölkerungszahl wuchs dramatisch und mit der Anbindung an München änderte sich die Berufsstruktur. 1912 wurde Starnberg zur Stadt. Seit 1970 ist es über die Autobahn und seit 1972 durch die S-Bahn mit der nahen Landeshauptstadt verbunden.
Nach wie vor ist Starnberg ein begehrter Wohnsitz. Seine Entwicklung und Bedeutung spiegelt sich nicht nur in der hervorragenden Ausstattung der Josefskirche, sondern auch in den Auslagen der Geschäfte und im besonders vielfältigen kulturellen Angebot.
Unser nächstes Ziel ist der Hauptort einer ausgedehnten Gemeinde im Osten des Starnberger Sees: das ehemalige Fischer- und Bauerndorf Berg. Wie viele andere Ansiedlungen am See verlor auch Berg ab Beginn des 19. Jahrhunderts durch Villen und Hotels allmählich seinen dörflichen Charakter und wandelte sich zum exklusiven Wohngebiet. Nur die abseits vom See gelegenen Gemeindeteile wie Farchach, Mörlbach, Bachhausen, Aufhausen, Aufkirchen und Höhenrain sind weitgehend dörflich geblieben.
Schloss Berg erlangte vor allem durch den Tod König Ludwigs II. von Bayern traurige Berühmtheit. Diese schillernde Herrschergestalt, für die einen geistesgestört und weltfremd, für die anderen bis heute Märchenkönig, stand zuletzt hier im Schloss unter Bewachung. Am 13. Juni 1886 fand man Ludwig II. zusammen mit seinem Betreuer Dr. Gudden ertrunken im See. Die näheren Umstände seines Todes sind nach wie vor ungeklärt. Ein Kreuz markiert seit 1887 die flache Unglücksstelle und hält die Erinnerung an diesen König wach, der heute noch manchen Anhänger hat und dem Bayern einige seiner attraktivsten Sehenswürdigkeiten zu verdanken hat.
Edelsitze und hochherrschaftliche Villen gliedern die bewaldeten Ufer des Starnberger Sees im Gemeindegebiet des alten Dorfes Münsing und seiner Gemeindeteile Ambach und Ammerland. Hier lebte und arbeitete lange Jahre der unvergessene Humorist Bernhard-Viktor Christoph Carl von Bülow (1923–2011), den wir alle viel besser unter seinem Künstlernamen »Loriot« kennen. Auch in Seeshaupt säumen Villen und andere stattliche Gebäude das Seeufer. In

Bernried erinnern Fischerhäuser in Blockbauweise, Bauernhöfe und die ehemalige Kloster- und heutige Pfarrkirche St. Martin daran, was das Leben am Starnberger See jahrhundertelang bestimmte, bevor ihn Künstler und Sommerfrischler für sich entdeckten. Das Buchheim Museum der Phantasie steht dagegen für die bereichernden Elemente Kunst, Kreativität und ungewöhnliche Architektur, die sich im Fünfseenland bis heute – und nicht nur in Museen – finden.

Tutzing am Westufer des Starnberger Sees kann auf eine lange Geschichte zurückblicken. Das belegen Funde aus der Stein-, Bronze- und Eisenzeit und der Ära der römischen Besatzung. Schloss Tutzing ist seit 1949 Sitz der bekannten Evangelischen Akademie, die sich politisch und kulturell engagiert. Der kaum mehr als Dorf zu erkennende Ort ist zudem eng mit der Musik verbunden. Johannes Brahms komponierte dort im Sommer 1873. In Erinnerung an ihn riefen die Pianistin Elly Ney, Willem van Hoogstraten und Ludwig Hoelscher 1958 die Tutzinger Musiktage ins Leben. Sie sind bis heute neben der alle fünf Jahre stattfindenden Tutzinger Fischerhochzeit ein Charakteristikum des Ortes geblieben.

Im 19. Jahrhundert waren Wochenendausflüge zum Hotel Strauch, dem heute traditionsreichen Hotel Kaiserin Elisabeth, sehr beliebt. Feldafing gehörte damals noch zu den vielen armen Fischerdörfern rund um den See. Doch dank seiner Lage entwickelte es sich schnell zu einer der gefragtesten Wohnadressen. Die vorgelagerte Roseninsel gilt als uraltes Siedlungsgebiet. Über Jahrtausende war die Wörth, wie die geschichtsträchtige Insel früher hieß, immer wieder bewohnt. 1850 erwarb sie König Max II. von Bayern. Er ließ dort eine Villa (Casino) bauen und einen Rosengarten anlegen, der schließlich zum neuen Namen »Roseninsel« für die Wörth führte. In dieser idyllischen Umgebung hing Max' Sohn Ludwig seinen Träumen nach, traf sich immer wieder mit seiner Cousine, der österreichischen Kaiserin Elisabeth, und feierte mit Richard Wagner dessen Geburtstag.

Über die alten Siedlungen Pöcking oder Söcking und das bucklige Bauernland um Hadorf, Unering und Hochstadt reisen wir zum Weßlinger See. Er ist der kleinste der fünf Seen, die dem »Fünfseenland« seinen Namen gaben, und wird schon lange von Einheimischen und Besuchern gleichermaßen bedrängt. Dank aufwendiger technischer Rettungsmaßnahmen ab den 1970er Jahren verfügt er heute wieder über beste Badewasserqualität. Im Winter friert er eher zu als andere Seen. Das ist die Zeit der Schlittschuhläufer und Eisstockschützen. Das Ufer säumen ein Rundweg und viel Grün und so hat sich manch malerischer Blick, zum Beispiel auf die schmucke Kirche Mariä Himmelfahrt, erhalten.

Am Pilsensee ist das Leben beschaulicher und der Trubel nicht ganz so groß wie an den Ufern seiner großen Brüder Starnberger See und Ammersee. Trotzdem zählt er bei Anliegern und Naherholern zu den gefragten Seenadressen. Allerdings gehört nur der Nordteil den Menschen. Das Südufer dagegen ist Teil des geschützten Herrschinger Mooses, das den Pilsensee von seinem Zwillingsbruder, dem Ammersee, trennt.

Hauptort am Wörthsee ist Steinebach. Wie an den meisten der Seen des Fünfseenlandes hält auch dort der Siedlungsdruck unvermindert an. Das Ortsbild präsentiert sich als Mischung zwischen dörflichen Elementen und städtischer Vorortatmosphäre. Villen und Privatgrundstücke liegen entlang des Ufers und versperren nicht selten den Zugang zum See. Aber es gibt Bootsverleihe, beliebte Badestrände und guten Wind für Segler und Surfer. Im Winter, wenn die Wasserfläche zu Eis erstarrt, vergnügen sich auch hier die Eisstockschützen, Schlittschuhläufer und Eissegler. Vor dem ruhigen Ort Bachern am Nordwestufer des Sees liegt die Insel, die ihm seinen Namen gab: die Wörth.

Nun ist es an der Zeit, auch den Ammersee zu besuchen. Er ist nach dem Chiemsee und dem Starnberger See der drittgrößte See Bayerns. In Stegen am Nordufer, dort wo das namengebende Flüsschen Ammer den See als Amper wieder verlässt, befindet sich zugleich der Heimathafen der Seenschifffahrt auf dem Ammersee. Der kleine Ort galt noch vor 1930 als Verkehrsknotenpunkt. An schönen Wochenenden stiegen Tausende von Sommerfrischlern und Wallfahrern von und zur Eisenbahnstation in Grafrath um. Manche mögen auch, wie wir, Inning zum Ziel gehabt haben. Neben der schönen Lage ist es vor allem die kunstvolle Kirche St. Johann Baptist, die Reisende dorthin lockt.

Um 1900 hatte der Maler Hans Beat Wieland (1867–1945) in der Kaagangerstraße südlich von Eching seine »Wielandshütt« vollendet und damit den Ausgangspunkt für einen belebten Künstlertreff am Ammersee geschaffen. Sicher kamen viele der zahlreichen Besucher über Stegen dorthin.

Wir könnten uns von Stegen aus allerdings auch von einem der beiden Schaufelraddampfer der Bayerischen Seenschifffahrt nach Utting bringen lassen, einer der ältesten Bajuwarensiedlungen an den Seen. Dieser Ammerseeort ist im Vergleich zu den Siedlungen am Starnberger See eher ländlich geblieben. Maler finden hier noch genauso ihr Refugium wie Spaziergänger und sonstige Genießer: zum Beispiel ab Mai beim Jazzfrühschoppen im Jugendstilambiente der »Alten Villa« am See. An heißen Sommertagen wird es allerdings eng am Badestrand in Utting. Aber selbst dann bleibt rundum auf den Wanderrouten meist noch Platz, wie etwa nach Norden Richtung Unterschondorf. Dieses Dorf wählte der realistische Maler Wilhelm Leibl (1844 bis 1900), um ungestört von den Aufregungen der Großstadt München in stiller Einsamkeit zu malen. Innere Ruhe hat er dort dann doch nicht gefunden. Das lag allerdings nicht an Unterschondorf, sondern an seiner unerfüllten Liebe zur Seewirts-Resl, die ihn 1877 endgültig vom Ammersee vertrieb.

Nach einem Abstecher in die ehemals blühende Künstlerkolonie Holzhausen und zu dem schmucken Wallfahrtskirchlein St. Alban führt unser Weg nach Dießen. Die mächtigen Grafen von Dießen, später von Andechs, gründeten hier 1132 ein Augustinerchorherrenstift. Ihr Geschlecht brachte siebzehn Heilige und Selige hervor, darunter die heilige Elisabeth, Landgräfin von Thüringen, und den heiligen Rasso, den Stifter des Klosters St. Rasso in Grafrath nördlich des Ammersees. Sie alle sind im Deckenfresko der prächtigen Mariä-Himmelfahrts-Kirche von Dießen festgehalten, das als »Dießener Himmel« bekannt geworden ist. Doch nicht nur deshalb gilt dieses Marienmünster als Barockjuwel. Kunst und Handwerk sind in Dießen seit Jahrhunderten zu Hause. Berühmt sind vor allem die Töpferwaren und kunstvollen Zinnfiguren. Aber auch in der Musikgeschichte hat dieser traditionsreiche Ort einen Namen: Carl Orff (1895–1982) lebte und komponierte hier. Ihm ist das Carl-Orff-Museum im Rinkhof gewidmet.

Über das weitverzweigte Ammerdelta und vorbei am Dorf Mitterfischen auf dem Römerhügel nördlich des alten Landgerichtssitzes Pähl gelangen wir nach Andechs. Schon von weitem sichtbar thront das berühmte Kloster auf dem exponierten Drumlinhügel. Bevor die Wittelsbacher im 13. Jahrhundert die Herrschaft in Bayern an sich rissen, trug er die Burg der mächtigen Grafen von Andechs-Meranien. Mit Ausnahme des Gnadenbildes verdankt Andechs allein ihnen den Reliquienschatz, der die Wallfahrt früh zum Blühen brachte. 1455 berief Herzog Albrecht III. sechs Benediktiner aus Tegernsee zur Klostergründung. Sie brachten die Kunst des Bierbrauens mit. 1803 wurde Kloster Andechs säkularisiert, aber König Ludwig I. erwarb es 1846 aus eigenen Mitteln und überließ es als Priorat und Wirtschaftsgut der vier Jahre später gegründeten Benediktinerabtei St. Bonifaz in München. Es ist der großen Anstrengung der Padres und Fratres zu verdanken, dass Andechs bis heute eine Stätte des Glaubens und einer der bedeutendsten Wallfahrtsorte Deutschlands geblieben ist. Schließlich ist die Nachbarschaft von Glauben, Kunstschätzen, Naturerlebnis und dem guten Andechser Bier nicht immer unproblematisch. Doch wer will wissen, was die vielen verschiedenen Menschen aus aller Welt gerade bewegt, die sich im Biergarten oder im Bräustüberl begegnen? So ist jeder grundsätzlich einmal willkommen, und Andechs ist wahrlich ein Zentrum der Begegnung geblieben.

Vom Heiligen Berg aus kehren wir durch die Kienbachschlucht an den Ammersee zurück, nach Herrsching. Wer dort über die belebte Uferpromenade schlendert, kann sich kaum vorstellen, dass das Seeufer noch bis Ende des 19. Jahrhunderts fast unbebaut war. Die Häuser gruppierten sich um die höher gelegene Martinskirche. Denn jahrhundertelang brachte die Ammer immer wieder Hochwasser und Geröll aus dem Gebirge mit und zwang die Seeanwohner zu einem unentwegten Kampf gegen Wasser und Verlandung. Heute sind die Wassermassen der Ammer weitgehend gezähmt. Den Widerstand gegen die Verlandung haben die Ufergemeinden aufgegeben. Nach heutigen Schätzungen wird es in circa 15 000 Jahren nur mehr ein Ammersee-Moor geben.

Noch 1875 hieß es in einer Reisebeschreibung: »Haben nun alle Seen ihre Verteidiger und Anhänger, so ist es ein im Verhältnis sehr kleines Häufchen, das für den Ammersee schwärmt.« Doch Ende des 19. Jahrhunderts entstanden auch in Herrsching die ersten Villen, Gasthäuser und Hotels. Der Maler Ludwig Scheuermann, 1859 in Südafrika geboren, baute sich 1888 auf dem Schuttkegel des Kienbaches seine Sommervilla und umgab sie mit einem stattlichen Park. Wir kennen das romantische, neugotische Bauwerk heute als Kurparkschlössl. Ludwig Scheuermann setzte sich auch dafür ein, dass Herrsching 1903 die Bahnverbindung nach München erhielt. Das kam nicht nur Pendlern und Seebesuchern zugute, sondern auch den vielen Ausflüglern und Wallfahrern, die jedes Jahr von Herrsching aus zum Heiligen Berg von Andechs pilgern.

Voralpenland, Land vor den Bergen – eine Landschaft, in der trotz widerstreitender Interessen das Schöne immer noch weit überwiegt. Sie wird nicht unverändert bleiben, sondern sich weiterentwickeln, mit den Menschen, die dort wohnen und durch den Einfluss der Besucher. Heute sind wir es, die diese lebendige Landschaft für die Zukunft gestalten und bewahren müssen.

The Bavarian Five Lakes Region

There are many scenic areas in Bavaria's alpine foothills, and none are well-kept secrets anymore. One is located right next to Bavaria's capital, Munich. It is bounded in the east by Starnberger See and in the west by Ammersee. These two lakes, besides framing the area, are core elements of this stunning alpine landscape. The area is known as the "Fünfseenland" or "Five Lakes Region". Only the larger lakes are counted: Starnberger See, Ammersee, Pilsensee, Wesslinger See and Wörthsee. In actual fact, the region is dotted with blue and green ponds and lakes amidst its forests, meadows and morainic hills. Some of the lakes are isolated, whilst others, such as the picturesque Osterseen south of Starnberger See, form small lake districts. Only those located in forests or hidden behind reed belts are still in pristine condition, as ponds and lakes have always been popular residential and recreation areas.

We begin our journey where the water leaves Starnberger See, next to the river Würm, south of the old Roman settlement of Gauting. We circle the lake from east to west, with a few geographical detours along the way. Continuing past Wesslinger See, Pilsensee, and Wörthsee we reach Ammersee, which, starting from the north, we circle once counter-clockwise, until our journey ends in Herrsching.

Our first stop is the quiet, green Würmtal valley, where we meet the Wittelsbach family for the first time, because Leutstetten Castle has belonged to them since 1875. We will repeatedly encounter the Wittelsbachs on our way around Starnberger See, as the development of this popular lake is inseparable from the Bavarian dynasty. The Wittelsbach dukes, princes and kings enjoyed spending summers at the lake, and from the 17th century onwards senior courts officials and aristocratic families from Munich began acquiring property here. At the end of the 18th century, famous painters discovered the magnificent scenery surrounding the lake, and the first villas altered the hitherto either courtly or rustic appearance of the lakeshore. From the mid-19th century onwards, more and more artists began settling here, including singers, writers, sculptors and painters.

The lake's big moment in history had taken place long before, however, when in 1651 Elector Ferdinand Maria succeeded to government and built an unrivalled fleet here, with the modest fishing village of Starnberg at the foot of his castle becoming the launch point for Wittelsbach naval glory. In 1851, the start of steam navigation and in 1854 the arrival of the railway brought a sudden increase in day trippers from Munich. Starnberg Castle had by then ceased to be a royal residence and instead was being used as a seat of government. But castles and noble residences in Possenhofen, Garatshausen, Tutzing, Bernried, Ammerland, Allmannshausen, Berg, Kempfenhausen and Leutstetten meant the area retained its aristocratic atmosphere, and Starnberg benefited from this. The population increased dramatically, and the railway connection to Munich changed its occupational structure. In 1912 Starnberg became a town. Since 1970 there has also been a highway connection to Munich, and since 1972 an S-Bahn commuter rail connection too.

Our next destination is the main town in a vast municipality on the eastern side of Starnberger See: the former fishing and farming village of Berg. Like many other settlements on the lake, Berg too from the beginning of the 19th century onwards gradually lost its rural character and became an exclusive residential area. Only those parts of the municipality away from the lakeside such as Farchach, Mörlbach, Bachhausen, Aufhausen, Aufkirchen and Höhenrain continue to be rural in nature.

Noble residences and grand villas divide up the wooded shores of Starnberger See at Münsing, Ambach and Ammerland. Villas and other imposing buildings line the lakeshore in Seeshaupt too. In Bernried, fishermen's cottages, farms and the former monastery and nowadays parish Church of St Martin testify to the former way of life on Starnberger See, before artists and holidaymakers discovered the lake for themselves. The Buchheim Museum of Imagination in contrast stands for the enriching elements of art, creativity and unusual architecture that can be found in the Five Lakes Region today – and not just in museums.

Tutzing on the western shore of Starnberger See has a history dating back thousands of years, as proven by the relics from the Stone, Bronze and Iron Ages and the era of the Roman occupation. Since 1949, Tutzing Castle has been the home of the Evangelic Academy Tutzing, which organizes both political and cultural activities. Tutzing, which long ago ceased to be a village, also has strong associations with music. Johannes Brahms composed here in the summer of 1873, and in 1958, the Tutzing Music Days were founded in memory of him. This festival together with the Tutzing Fisherman's Wedding, which is held every five years, have become emblematic of the town.

In the 19th century Feldafing was still one of the many poor fishing villages around the lake. But thanks to its geographical location, it quickly became one of the area's most sought-after residential addresses. In 1850, King Maximilian II of Bavaria bought the island of Wörth, and had a villa, the so called "Casino", built on the island along with a rose garden that eventually gave it its new name of "Roseninsel" or "Rose Island".

Travelling past the old towns of Pöcking and Söcking and through the hilly farmland surrounding Hadorf, Unering and Hochstadt we reach Wesslinger See. It is the smallest of the five lakes in the "Five Lakes Region". In winter it is more likely to freeze than the other lakes, and is then taken over by skaters and curlers. The lake is encircled by a lakeshore path, with many open green areas and scenic views, for example, of the beautiful Church of the Assumption.

At Pilsensee life is more tranquil than elsewhere, with less hustle and bustle than at Starnberger See and Ammersee, both of which are larger. But it too is popular both with locals and those from further afield as an excursion destination. However, they can only access the northern part. The southern lakeshore is part of the protected Herrschinger Moos nature reserve that divides Pilsensee from its twin brother, Ammersee.

The main locality on Wörthsee is Steinebach. As elsewhere in the Five Lakes Region, development pressure remains strong here too, with the town being a mixture of rural and suburban elements. Villas and private properties line the lakeshore here, and often prevent access to the lake. But there are boat rental companies, popular bathing lawns and good winds for sailing and windsurfing.

Now let us also visit Ammersee. After Chiemsee and Starnberger See, it is the third largest lake in Bavaria. Stegen on the north shore, where the river Ammer exits the lake as the Amper, is also the harbour for the ships and boats on the lake. From here we can venture out on one of the paddle steamers to Utting, one of the oldest settlements on all of the lakes. This Ammersee town has remained more rural than its counterparts on Starnberger See, and has become a haven for painters, strollers and others connoisseurs of life. On hot summer days, however, the bathing area in Utting becomes very crowded, but even then there is still plenty of space next to the idyllic hiking trails.

After visiting the one-time flourishing artists' colony Holzhausen and the pretty Pilgrimage Church of St Alban we head for Diessen. The powerful Counts of Diessen founded an Augustinian monastery here in 1132. The dynasty produced seventeen saints, and they are all depicted in the ceiling fresco of the magnificent Assumption Church of Diessen that is also known as the "Diessen Heaven". Arts and crafts have been an integral part of the community in Diessen for centuries. It is famous for its pottery and ornate pewter figures in particular. But Diessen has also played an important role in the history of music: Carl Orff (1895–1982) lived and composed here, and the Carl Orff Museum in the Rinkhof is dedicated to him.

Once past the Ammer delta and the village of Mitterfischen situated on the Roman hill north of the old district court seat of Pähl, we reach Andechs. Positioned on an exposed hilltop, the famous monastery is visible from afar. In 1455, Duke Albrecht III instructed six Benedictine monks from Tegernsee to found a monastery here. They brought with them the art of brewing. It is thanks to the great efforts of the monks and lay brothers that Andechs has remained a place of faith and one of the main pilgrimage sites in Germany to this day, although it has to be said that many visitors come here solely for the beer.

Having descended from the "Holy Mountain", we return to Ammersee through the Kienbach Gorge and continue to Herrsching. Strolling along the bustling waterfront it is hard to imagine that the lakeshore was almost undeveloped until the end of the 19th century. The houses were grouped around the elevated St Martin's Church because for centuries the Ammer flooded the homes of farmers and fishermen, bringing with it debris from the mountains and forcing the inhabitants to engage in a ceaseless struggle against water and siltation. Only around 1900 were the first villas, guest houses and hotels built in Herrsching. In 1903 the railway line to Munich was opened, and is still used by commuters and daytrippers today.

The Five Lakes Region is a pre-alpine landscape in which, despite conflicting interests, beauty still reigns supreme. It will not remain unchanged, but instead will evolve with its inhabitants and under the influence of its visitors. Today, we are the custodians of this vibrant landscape and the ones who must preserve it for the future.

Au pays des cinq lacs bavarois

Les Préalpes bavaroises regorgent de magnifiques paysages, mais c'est bien connu. L'un de ces sites commence aux portes de Munich, la capitale de la Bavière. Cette région est limitée à l'est par le lac de Starnberg et à l'ouest par le lac Ammer. Ces deux lacs représentent à la fois le cadre et le centre des plus beaux paysages des Préalpes bavaroises. La région est connue principalement sous le nom «Pays des cinq lacs». Seuls les plus grands lacs sont comptés : lac de Starnberg, lac Ammer, lac Pilsen, de Wessling et lac Wörth. En réalité de nombreux autres îlots aquatiques bleus et verts scintillent à travers les collines de moraines couvertes de forêts et de prairies. Certains lacs sont isolés, d'autres forment de petits ensembles de lacs, comme les pittoresques lacs Oster au sud du lac de Starnberg. Peu d'entre eux ont le privilège de ne pas se faire remarquer lorsqu'ils sont protégés par la forêt ou cachés derrière un large rideau d'ajoncs, car les bords des étangs et des lacs sont des sites très convoités, que ce soit pour y habiter ou pour les loisirs à proximité de la grande ville.

Commençons notre excursion là où la rivière quitte le lac de Starnberg : le long de la Würm, au sud de l'ancien village romain de Gauting. En faisant quelques détours nous contournons le lac de l'est à l'ouest. Après le lac de Wessling, de Pilsen et de Wörth nous atteignons le lac Ammer dont nous faisons le tour en partant du nord, dans le sens inverse des aiguilles d'une montre, pour parvenir à Herrsching.

Notre première étape est la vallée tranquille et verdoyante de la Würm, où nous abordons la dynastie des Wittelsbach, en effet le château de Leutstetten lui appartient depuis 1875. Nous serons souvent confrontés aux Wittelsbacher en faisant le tour du lac de Starnberg parce que l'histoire de ce lac populaire est liée intimement à cette dynastie bavaroise : Les ducs, princes électeurs et rois des Wittelsbach aimaient passer l'été au bord du lac. A partir de la fin du 18e siècle des peintres célèbres découvrirent le splendide paysage et les premières villas modifièrent le caractère du rivage, jusqu'alors d'aspect royal ou villageois. Depuis le milieu du 19e siècle de plus en plus d'artistes, tels que chanteurs, écrivains, sculpteurs et peintres s'y établirent. En 1851 le début de la navigation à vapeur et, en 1854 l'aménagement de la voie de chemin de fer desservant Munich, entraînèrent une très forte augmentation des excursions à la journée. Le château de Starnberg n'était à cette époque qu'un siège administratif. Mais les châteaux et nobles demeures de Possenhofen, Garatshausen, Tutzing, Bernried, Ammerland, Allmannshausen, Berg, Kempfenhausen et Leutstetten dégageaient, tout du moins de l'extérieur, une atmosphère royale. Starnberg en bénéficia. La population crût considérablement et sa structure professionnelle se modifia du fait du rattachement à Munich. En 1912 Starnberg se transforma en ville. Depuis 1970 l'autoroute et depuis 1972 le S-Bahn (train express régional) relient Starnberg à la proche capitale bavaroise.

Notre prochaine étape est une vaste commune située à l'est du lac, l'ancien village rural de pêcheurs de Berg. Comme de nombreux autres villages du bord du lac, Berg perdit peu à peu son caractère campagnard au début du 19e siècle pour se transformer en zone résidentielle de luxe.

Demeures nobles et villas somptueuses se partagent la rive boisée du lac de Starnberg avec l'ancien village de Münsing et les hameaux de Ambach et Ammerland. A Seeshaupt, les villas et autres bâtiments majestueux bordent également le lac. A Bernried, des maisons de pêcheurs en bois, des fermes et l'ancienne église du monastère Saint Martin sont le témoignage de la vie locale des siècles passés au bord du lac, avant que les artistes et estivants en prennent possession. Le «Buchheim Museum der Phantasie» (Musée de l'imagination) illustre en revanche les éléments enrichissants tels que l'art, la créativité et l'architecture insolite, qui sont présents au pays des cinq lacs encore de nos jours – et pas seulement dans les musées.

Le château de Tutzing, situé sur la rive occidentale du lac Starnberg, est depuis 1949 le siège de la célèbre Académie protestante engagée politiquement et culturellement. Tutzing qui n'a plus rien d'un village est par ailleurs lié étroitement à la musique. Johannes Brahms y composa durant l'été 1873. C'est à sa mémoire que furent instaurées en 1958 les journées de la musique de Tutzing. Elles sont encore aujourd'hui une caractéristique attrayante du lieu, venant s'ajouter à la fête du mariage du pêcheur de Tutzing ayant lieu tous les cinq ans.

Au 19e siècle Feldafing faisait encore partie des nombreux villages pauvres situés sur le pourtour du lac. Toutefois, grâce à sa situation privilégiée, le lieu se développa

rapidement pour devenir l'une des adresses les plus prestigieuses. En 1850 le roi Max II de Bavière fit l'acquisition de l'île de Wörth, proche de la rive. Il y fit construire une villa (casino) et planter une roseraie, qui donna finalement à l'île historique son nouveau nom de «l'île aux roses».
Après avoir traversé les anciens lieux de Pöcking ou Söcking et la zone rurale bosselée près de Hadorf, Unering et Hochstadt nous parvenons au lac de Wessling. C'est le plus petit des cinq lacs qui ont donné leur nom au «pays des cinq lacs». L'hiver le lac se couvre de glace le premier, plus tôt que ses voisins. C'est la saison des patineurs à glace et des joueurs de curling. La rive verdoyante et bordée d'un sentier de promenade offre une vue pittoresque, entre autres, sur la jolie église Mariä Himmelfahrt.
Au bord du lac Pilsen la vie est plus sereine et l'affluence n'est pas aussi grande que sur les rives de ses grands frères, les lacs de Starnberg et Ammer. Cependant il fait partie des adresses convoitées parmi les riverains et les promeneurs. Mais seule la rive nord peut être fréquentée. La rive sud s'inscrit dans la zone protégée du marais de Herrsching qui sépare le lac Pilsen de son frère jumeau, le lac Ammer.
Steinebach est la localité principale au bord du lac Wörth. Comme le long de la plupart des lacs du pays des cinq lacs les constructions continuent à se multiplier. La commune affiche un mélange d'éléments campagnards associés à une atmosphère de périphérie urbaine. Les villas et terrains privés se situent le long de la rive et empêchent souvent l'accès au lac. On y trouve cependant des centres de location de bateaux, des plages très fréquentées et un vent favorable pour les amateurs de voile et de planche à voile.
Maintenant allons visiter aussi le lac Ammer. Par sa surface, il est le troisième lac de Bavière après le Chiemsee et le lac de Starnberg. A Stegen sur la rive nord, là où la petite rivière Ammer qui a donné son nom au lac quitte celui-ci pour s'appeler Amper, là se trouve également le port d'attache de la navigation lacustre du lac Ammer. D'ici, à bord de l'un des deux bateaux à aubes, nous pouvons nous rendre à Utting, l'une des plus anciennes cités bavaroises de la région des lacs. Comparée aux autres lieux longeant le lac de Starnberg, cette commune au bord du lac Ammer est restée plutôt campagnarde. Les peintres y ont trouvé refuge aussi bien que les promeneurs et autres épicuriens. Pendant les chaudes journées d'été la place se fait rare sur la plage d'Utting, mais malgré tout il fait toujours bon se promener sur les sentiers de randonnée idylliques.
Après la visite de la communauté d'artistes de Holzhausen, et un détour par la charmante petite église de pèlerinage Saint Alban florissante à une certaine époque, notre parcours nous conduit à Diessen. Les comtes puissants de Diessen y fondèrent en 1132 le cloître des Augustins. Leur dynastie compta dix-sept saints et bienheureux; ils sont tous immortalisés sur la fresque du plafond de la somptueuse église Mariä Himmelfahrt de Diessen, connue sous le nom du «Diessener Himmel», (le ciel de Diessen)». L'art et l'artisanat font partie intégrante de Diessen depuis des siècles. Les poteries et les figurines décoratives en étain sont particulièrement célèbres. Mais ce site de tradition a aussi sa place dans l'histoire de la musique : Carl Orff (1895–1982) y a vécu et composé des œuvres musicales. Le musée Carl Orff à Rinkhof lui est dédié.
Après avoir franchi le delta très étendu de la rivière Ammer et passé le village de Pähl, nous atteignons Andechs. De loin déjà nous apercevons le célèbre monastère haut perché sur la colline drumlin bien en vue. En 1455 le duc Albrecht III désigna six Bénédictins de Tegernsee pour fonder le monastère. Ils maîtrisaient l'art de faire la bière. C'est grâce aux pères et frères de la congrégation qu'Andechs est resté encore aujourd'hui un lieu de foi et l'un des lieux de pèlerinage les plus importants d'Allemagne, bien que de nombreux visiteurs n'y viennent que pour savourer la bonne bière.
De la «Montagne sacrée» nous revenons à Herrsching au bord du lac Ammer en passant par les gorges de Kienbach. En flânant le long de la promenade animée du bord du lac il est difficile de s'imaginer que les rives du lac n'étaient pratiquement pas bordées de maisons jusqu'à la fin du 19e siècle. Les maisons étaient groupées autour de l'église Saint Martin située plus haut, car les crues fréquentes de la rivière Ammer et les éboulis venant des montagnes étaient redoutés et poussaient les riverains à se livrer à un combat permanent contre l'eau et l'alluvionnement. Ce n'est qu'en 1900 que commencèrent à se construire à Herrsching les premières villas, auberges et hôtels et en 1903 fut ouverte la ligne de chemin de fer reliant Herrsching à Munich à la plus grande joie des personnes qui font la navette pour leur travail et des promeneurs pour les loisirs.
Au pied des montagnes, au pays des cinq lacs, la beauté incomparable du paysage l'emporte toujours, même si les intérêts parfois divergent. Le paysage restera pas immuable mais se développera sous l'influence des riverains et des visiteurs. Aujourd'hui c'est à nous d'aménager et de conserver cet environnement vivant pour la postérité.

Berge, Seen und Siedlungen, in denen oft seit Jahrhunderten Kunst und Kultur zu Hause sind – dieser Dreiklang prägt das Fünfseenland. Hier sehen wir den eleganten Turm der St.-Josefs-Kirche und die Dächer des ehemaligen Schlosses von Starnberg, dahinter den Starnberger See, das Estergebirge (rechts) und die wuchtigen Felsengipfel des Karwendels.

Mountains, lakes and villages in which art and culture have often been at home for centuries. These are the defining characteristics of the Five Lakes Region. Here we see the elegant tower of St Joseph's Church and the rooftops of the old castle of Starnberg, behind it Starnberger See, the Ester Mountains (right) and the rocky summits of the Karwendel.

Montagnes, lacs et cités, ces trois éléments marquent depuis des siècles d'art et de culture le pays des cinq lacs. Ici nous voyons l'élégant clocher de l'église Saint Joseph et les toits de l'ancien château de Starnberg, à l'arrière-plan le lac de Starnberg, la montagne d'Ester (à droite) et les imposants sommets de la chaîne de montagnes du Karwendel.

Ihr verdankte der Starnberger See den alten Namen Würmsee: Die Würm ist der Abfluss des Starnberger Sees, das Würmtal ein wunderbares Fuß- und Radwandergebiet und gemütliche Einkehrmöglichkeiten sind nicht weit. Das Tal zieht vor allem viele Erholungssuchende aus dem Umkreis der nahen bayerischen Landeshauptstadt München an.

Starnberger See hasn't always been called thus. In the past it was called Würmsee, after the river Würm that flowed out of it. The Würm valley is a wonderful hiking and biking area with plenty of cosy inns and taverns. The valley is especially popular with leisure seekers from the nearby capital Munich.

Le lac de Starnberg lui doit son ancien nom de lac Würm : la Würm est la rivière d'écoulement du lac. La vallée de la Würm est une magnifique région de promenades à pied et à vélo avec des auberges douillettes. La vallée attire de nombreuses personnes recherchant le repos, en provenance de la proche capitale bavaroise de Munich.

Die Nepomukbrücke verbindet den Starnberger Wasserpark (Strandbad) mit dem Erholungsgelände Kempfenhausen und damit zwei sehr beliebte Erholungsgelände am Starnberger See. Die Zugbrücke ist hoch angesetzt und kann auch geöffnet werden, um Booten die Durchfahrt auf der Würm von und zu der Bootswerft Rambeck zu ermöglichen.

The Nepomuk Bridge connects Starnberg's Wasserpark (bathing area) with Kempfenhausen, two very popular recreation areas on Starnberger See. This tall bridge can also be opened to allow boats on the Würm to enter and exit the Rambeck shipyard.

Le pont de Nepomuk relie le centre aquatique (baignade) de Starnberg au centre de loisirs de Kempfenhausen, c'est-à-dire deux sites de loisirs très recherchés au bord du lac de Starnberg. Le pont-levis est surélevé et peut être ouvert pour laisser passer les bateaux naviguant entre la Würm et le chantier naval de Rambeck.

Elektroboote
Tretboote

Seite 16:
Das Café-Restaurant Undosa an der Seepromenade bietet sogar eine Terrasse im See (links oben). Die kleine Laube an der Starnberger Seepromenade verspricht ein idyllisches Plätzchen für ein Stelldichein (rechts oben). Gepflegte Bootshäuser begleiten Spaziergänger ein Stück an der Promenade am See (links unten). Am Abend kehrt im Erholungsgelände von Percha Ruhe ein (rechts unten).

Page 16:
The Café-Restaurant Undosa on the lakefront has a terrace that extends out onto the lake (above left). The small gazebo on Starnberg's lakeside promenade is an idyllic spot for a romantic rendezvous (above right). Neat boathouses partly line the lakeside promenade that is popular with strollers (below left). In the evening, the Percha recreation area becomes an oasis of tranquillity (below right).

Page 16 :
Le café-restaurant Undosa situé sur la promenade du lac possède une terrasse sur le lac (en haut à gauche). La petite tonnelle sur la promenade du lac de Starnberg est un lieu idéal de rendez-vous romantique (en haut à droite). De charmants hangars à bateaux longent la promenade du lac (en bas à gauche). Le soir le calme revient dans le site de loisirs de Percha (en bas à droite).

Der Galerie-Katamaran MS Starnberg ist eines der sechs Passagierschiffe der bayerischen Seenschifffahrtsflotte auf dem Starnberger See.

The gallery catamaran MS Starnberg is one of six passenger ships operating on Starnberger See.

Le catamaran galerie MS Starnberg est l'un des six paquebots de la flotte lacustre du lac de Starnberg.

Die alte katholische Pfarrkirche St. Josef wurde von 1764 bis 1766 anstelle eines kurfürstlichen Sommerhauses auf dem Schlossberg von Starnberg errichtet. Sie ist ein eher schlichter Bau. Doch im Inneren überrascht sie mit Fresken des Münchner Hofmalers Christian Wink (1738–1797) und dem vornehmen Rocaillestuck Franz Xaver Feichtmayrs (1698–1763). Den Hochaltar schuf kein Geringerer als der Bildhauer Ignaz Günther (1725–1775). Ein durchaus repräsentatives Gotteshaus also für die damalige Sommerresidenz der bayerischen Herrscher.

The old Catholic Parish Church of St Joseph was built from 1764 to 1766 on the site of a summer residence belonging to the Elector of Bavaria. On the outside it appears to be a relatively simple building. Inside however it has stunning frescoes by the Munich court painter Christian Wink (1738–1797) and elegant rocaille stuccowork by Franz Xaver Feichtmayr (1698–1763). The high altar was created by none other than the sculptor Ignaz Günther (1725–1775). The church therefore more than lived up to the standard required for the summer residence of the rulers of Bavaria.

L'ancienne église paroissiale catholique Saint Joseph fut construite de 1764 à 1766 sur le site d'une maison de villégiature du prince électeur sur la colline du château de Starnberg. C'est un bâtiment plutôt modeste. Cependant nous sommes agréablement surpris à l'intérieur par les fresques du peintre à la cour Christian Wink (1738–1797) et l'élégant stuc rocaille de Franz Xaver Feichtmayr (1698–1763). Le maître-autel fut construit par le célèbre sculpteur Ignaz Günther (1725–1775). C'est donc une église digne de la résidence d'été de l'époque des monarques bavarois.

Die alte Pfarrkirche St. Josef wäre von außen recht unscheinbar, würde sie nicht der weithin sichtbare Turm mit Doppelzwiebel und Laterne und im Vordergrund der barock gestaltete Schlossgarten zieren (links).
In Starnberg leben viele »Zuagroaste«, aber das Brauchtum wird hier – wie der Maibaum zeigt – dennoch gepflegt. Er trägt die traditionellen Farben Weiß und Blau für den Himmel und die Fahne Bayerns, ein Trachtenpaar und die Zunftzeichen des ansässigen Handwerks (Mitte).
Das aufwendig bemalte und denkmalgeschützte Obermayr-Haus von 1892 steht am Tutzingerhofplatz in Starnberg und bildet den idealen Rahmen, um Trachten zu verkaufen. Die Fassadenmalerei wurde 1912 erneuert (rechts).

The old Parish Church of St Joseph would be fairly unassuming from the outside were it not for the highly-visible tower with its two onion domes and lantern, and the baroque palace garden in front (left).
A lot of "newcomers" live in Starnberg, but despite this, local traditions are still maintained, as shown here by the maypole. It is painted in the traditional Bavarian colours of white and sky-blue and features a pair in traditional dress, along with the guild signs of local craftsmen (middle).
The elaborately decorated and listed Obermayr-Haus dates from 1892 and stands on Tutzingerhofplatz in Starnberg. Aptly, it houses a shop selling traditional costumes. The facade murals were renewed in 1912 (right).

L'ancienne église paroissiale Saint Joseph serait assez banale vue de l'extérieur si elle n'était pas ornée par le clocher à double bulbe et le lanternon visible de loin ainsi que par le jardin baroque du château (à gauche).
Bien que beaucoup de personnes sans origine bavaroise vivent à Starnberg, les coutumes y restent néanmoins vivantes telle celle de l'arbre de mai. Il porte les couleurs traditionnelles blanc et bleu représentant le ciel et le drapeau bavarois, un couple en costume régional et les emblèmes des artisans du lieu (au milieu).
La maison Obermayr de 1892 richement peinte et classée monument historique se trouve Tutzingerhofplatz à Starnberg et offre le cadre idéal pour la vente de costumes folkloriques. Les peintures de la façade ont été restaurées en 1912 (à droite).

Wer mehr über »Prunkschiffe, Villenträume und Seegeschichten« wissen will, ist im Museum Starnberger See in der Possenhofener Straße genau richtig. Dort gibt es viele interessante Exponate zu bestaunen, wie etwa das Modell des von Kurfürst Ferdinand Maria in Auftrag gegebenen Prunkschiffes »Bucentaur« oder das königliche Ruderboot »Delphin« (im Bild).

Anyone wishing to learn more about "magnificent ships, dream villas and maritime history" should visit the "Museum Starnberger See" in Possenhofener Strasse. There is much to admire there, including the model of the magnificent ship "Bucentaur" commissioned by Elector Ferdinand Maria, and the royal barge "Delphin" (pictured).

Pour qui veut en savoir plus sur les bateaux somptueux, les villas de rêve et les histoires de navigateurs le «Museum Starnberger See» est l'endroit idéal. Il s'y trouve une mine d'informations, par exemple la maquette du bateau somptueux «Bucentaur» commandé par le prince électeur Ferdinand Maria ou la barque royale «Delphin» (sur la photo).

Bootshäuser, wie auf einer Perlenschnur am Ufer vor den Seeorten aufgereiht: Das ist nicht nur in Percha ein typischer und reizvoller Landschaftsaspekt am Starnberger See. Früher dienten sie Fischern zum Schutz ihrer Boote – und ihre Anzahl bezeugt die ehemalige Bedeutung dieses Handwerks. Heute gehören sie meist Privatleuten und Bootsverleihern.

Boat houses lined up like a string of pearls on the banks of the lake – a typical and charming sight at Percha and elsewhere on Starnberger See. In the past, fishermen kept their boats in these houses, and the large number of them shows how important fishing was on the lake at one time. Today they mostly belong to private individuals and boat hiring companies.

Des hangars à bateaux alignés sur la rive comme les perles d'un collier. Ce n'est pas seulement à Percha une image typique du lac de Starnberg. Autrefois ces hangars protégeaient les bateaux des pêcheurs et illustrent bien l'importance de cette activité artisanale à l'époque. Aujourd'hui ils appartiennent à des particuliers et à des loueurs de bateaux.

Der Schriftsteller Oskar Maria Graf wurde 1894 als neuntes Kind eines Bäckers und einer Bauerntochter in Berg geboren. Sein Werk blieb nicht unumstritten, aber mit seinem Buch »Das Leben meiner Mutter« setzte er sowohl der Landschaft als auch dem bäuerlichen Leben hier am See ein nachdenkliches und großartiges Denkmal. Von Aufkirchen oben betrachtet er, in Bronze gegossen, die Heimat immer noch mit kritischem Blick (links).
Trotz reger Bautätigkeit in den letzten Jahrhunderten sind im Fünfseenland bemerkenswerte und schöne alte Baudenkmäler erhalten geblieben. Dieses historische Ensemble steht in der Dürrbergstraße in Assenhausen: eine barocke Wegkapelle und ein ehemaliges Bauernhaus, das in Blockbauweise errichtet wurde. Beides stammt aus dem 17. Jahrhundert (rechts).

The writer Oskar Maria Graf was born in 1894 as the ninth child of a baker and a farmer's daughter in Berg. His work was not without controversy, but with his magnificent and though-provoking book "The Life of My Mother" he immortalized the landscape and rural life on the lake for ever. Cast in bronze in Aufkirchen, he still gazes at his home town with a critical eye (left).
Despite all the construction activity in recent centuries, some remarkable and beautiful old buildings have still managed to survive in the Five-Lakes Region. This historic ensemble can be found in Dürrbergstrasse in Assenhausen: a baroque wayside chapel and an old farmhouse built in block form. Both date from the 17th century (right).

L'écrivain Oskar Maria Graf est né à Berg, il était le neuvième enfant d'un boulanger et d'une fille de paysan. Même si son œuvre est controversée, son livre «La vie de ma mère» transmet à la postérité, avec talent et profondeur, aussi bien le paysage que la vie des paysans au bord du lac. Du haut d'Aufkirchen de sa statue de bronze il observe sa patrie d'un regard toujours critique (à gauche).
Malgré une activité intense des métiers du bâtiment au cours des siècles derniers, de beaux et remarquables anciens monuments ont été conservés au pays des cinq lacs. Cet ensemble historique se trouve Dürrbergstrasse à Assenhausen : une chapelle baroque et une ancienne ferme construite comme une cabane en rondins. Les deux bâtiments sont du 17e siècle (à droite).

1640 baute Hans-Friedrich von Hörwarth, Mitglied einer reichen Münchner Patrizierfamilie, am Ostufer des Starnberger Sees ein Schloss und verkaufte es 1676 an die Wittelsbacher. Schloss Berg gibt es immer noch, doch es ist nicht mit dem Hotel Schloss Berg (im Bild) identisch, auch wenn es sich dort in fürstlicher Lage speisen lässt.

In 1640, Hans-Friedrich von Hörwarth, a member of a rich patrician family in Munich, built a castle on the eastern shore of Starnberger See and sold it in 1676 to the Wittelsbachs. Schloss Berg (Berg Castle) still stands, but it looks nothing like the Hotel Schloss Berg, shown here, even though its cuisine and views too are fit for royalty.

En 1640 Hans-Friedrich von Hörwarth, membre d'une riche famille patricienne munichoise construisit sur la rive est du lac de Starnberg un château et le vendit en 1676 aux Wittelsbacher. Le château de Berg existe toujours, cependant il n'est pas identique à l'hôtel Schloss Berg (photo), bien qu'il soit possible d'y manger princièrement.

König Ludwig II. von Bayern (1845–1886) liebte den Starnberger See, vor allem die Roseninsel. Doch im Juni 1886 kam er nicht freiwillig nach Schloss Berg; er galt als seelengestört und stand dort unter Bewachung. Am 13. Juni 1886 fand man ihn und seinen Arzt Dr. Gudden an einer flachen Stelle ertrunken im See. Ludwigs mysteriöser Tod lässt Historiker und Verschwörungstheoretiker nicht ruhen. Eine von außen (links oben) und innen (unten) repräsentable Votivkapelle und davor ein Gedenkkreuz im See (rechts oben) markieren die Unglücksstelle.

King Ludwig II of Bavaria (1845–1886) loved Starnberger See, especially Rose Island. But in June 1886, he did not come voluntarily to Berg Castle. Instead he was kept under guard at the castle on account of his disturbed mental state. On 13 June 1886 he and his physician Dr. Gudden were found drowned in a shallow area of the lake. Ludwig's mysterious death has remained a matter of speculation for historians and conspiracy theorists to this day. A votive chapel, which is representative both on the outside (above left) and inside (below), and a memorial cross in the lake in front of it (above right) mark the scene of the tragedy.

Le roi Louis II de Bavière (1845–1886) aimait le lac de Starnberg, surtout l'île aux roses. Mais en juin 1886 il n'est pas venu de son plein gré au château de Berg; il était affecté de troubles psychiques et y était sous surveillance. Le 13 juin 1886 on le trouva avec son médecin Dr. Gudden noyé dans le lac à un endroit peu profond. La mort mystérieuse de Louis II préoccupe encore les historiens et les défenseurs d'un complot. Une chapelle votive vue de l'extérieur (en haut à gauche) et de l'intérieur (en bas) ainsi qu'une croix commémorative (en haut à droite) dans le lac commémorent le lieu de l'accident.

Diese burgartige Anlage in neuromanischer Ausführung, mit Bergfried und Schlosskapelle, steht in Weipertshausen nahe am See. Schloss Seeburg wurde in den Jahren 1892 bis 1896 errichtet und gehört heute dem bayerischen Staat.

This castle-like neo-Romanesque structure, with a keep and castle chapel, stands near the lake in Weipertshausen. Seeburg Castle was built between 1892 and 1896 and now belongs to the Bavarian State.

Cet ensemble semblabe à un château fort de style roman, avec donjon et chapelle du château, se trouve à Weipertshausen à proximité du lac. Le château de Seeburg fur construit de 1892 à 1896 et appartient à l'État bavarois.

Hufe, Erdklumpen und Zöpfe fliegen – und manchmal sogar die Reiter: Das Ochsenrennen in Münsing ist eine Gaudi, bei der nicht nur Männer, sondern auch mutige Frauen mithalten. Wenn es den Ochsen aber gerade nicht gefällt, bewegen sie sich keinen Millimeter. Natürlich wird der Sieger stilecht mit Bier übergossen und das Ereignis danach ausgiebig gefeiert.

Hooves, mud clods and braids all flying through the air – and sometimes the riders do too. The Ox Race in Münsing is a fun event for courageous men and women. If the oxen don't feel like it, they won't budge an inch. The winner is naturally doused with beer, with riotous celebrations taking place afterwards.

Sabots, mottes de terre et tresses voltigent, et parfois même les cavaliers : La course de bœufs de Münsing est une fête joyeuse à laquelle ne participent pas seulement les hommes mais aussi des femmes courageuses. Si le bœuf n'est pas d'humeur il ne bougera pas d'un centimètre. Il va sans dire que le vainqueur est arrosé de bière, tradition exige, et ensuite c'est la fête comme il se doit.

Wie hier in Holzhausen werden zum 1. Mai fast überall in der Region Maibäume aufgestellt. Während sich die Zuschauer mit Brotzeit und Bier die Zeit vertreiben, mühen sich die starken Männer des Dorfes damit ab, den Baum aufzurichten. Dabei hilft ihnen der eine oder andere Stärkungstrunk. Danach wird zünftig gefeiert.

On the 1st of May a maypole is raised in Holzhausen as in almost every other town and village in the area. While the onlookers pass the time eating sandwiches and drinking beer, the strong men of the village take it upon themselves to raise the pole, with the help of the occasional fortifying drink. Afterwards it is time for celebration.

Comme ici à Holzausen le 1er mai sont dressés les arbres de mai dans tout le district. Pendant que les spectateurs se restaurent avec casse-croûte et bière, les hommes forts du village érigent l'arbre à grand peine. Un remontant n'est pas négligeable. Après ça s'arrose correctement.

Wer möchte in dieser Landschaft aus sanften Wiesenhügeln unter weiß-blauem Himmel im Voralpenland um Münsing nicht gerne in die Pedale treten?

Who wouldn't like to cycle through this gently rolling landscape of fields and meadows around Münsing under a white-blue sky?

Comment résister, dans ce paysage aux collines verdoyantes et au beau ciel blanc-bleu, à l'envie de sillonner les Préalpes à vélo autour de Münsing?

Wiesen, Hügel, Baum- und Waldinseln, rote Ziegeldächer und ein Kirchturm, der uns den Standort einer alten Siedlung weist – so erleben wir das Fünfseenland an vielen Stellen. Die Pfarrkirche St. Johannes der Täufer von Holzhausen liegt besonders malerisch, von Linden beschützt und in Sichtweite zum Starnberger See.

Meadows, hills, trees and forests, red tiled roofs and a church steeple marking the site of an ancient settlement – a typical scene in the Five Lakes Region. The Parish Church of St John the Baptist at Holzhausen is particularly picturesque, being surrounded by lime trees and within sight of Starnberger See.

Prairies, collines, bouquets d'arbres et clairières, toits de tuiles rouges et un clocher qui témoigne d'une ancienne cité – cette image est typique du pays des cinq lacs. Le clocher Saint Jean Baptiste de Holzhausen, protégé par des tilleuls, est situé dans un cadre très pittoresque avec le lac de Starnberg en vue.

Zum Stephanitag am 26. Dezember sammeln sich in Mörlbach jedes Jahr Pferde und Reiter zum Stephaniritt. Kunstkennern ist der Ort im Osten des Starnberger Sees vor allem wegen des wunderbaren spätgotischen Flügelaltares (um 1510 oder 1520) in der katholischen Filialkirche St. Stephan bekannt, der dem »Meister von Rabenden« zugeschrieben wird.

Each year on 26 December, St Stephen's Day, horses and riders gather together in Mörlbach for the St Stephen's Ride. Art connoisseurs primarily know the town to the east of Starnberger See because of the wonderful late Gothic altar (from around 1510 or 1520) housed in the Catholic Daughter Church of St Stephen, which is attributed to the "Master of Rabenden".

Le jour de Saint Stéphane, le 26 décembre se rassemblent chaque année à Mörlbach chevaux et cavaliers pour «Stephaniritt», la chevauchée de Stéphane. Les connaisseurs en matière d'art connaissent cette commune pour le splendide tryptique de style gothique flamboyant (vers 1510 ou 1520) de l'église Saint Stéphane, attribuée au «Meister von Rabenden».

Einkehr, Meditation und einen herrlichen Rundumblick verheißt die auf dem Fürst Tegernberg gelegene Maria-Dank-Kapelle bei Degerndorf. Sie wurde nach dem Zweiten Weltkrieg aus Dankbarkeit errichtet. Seit der Einweihung am 23. Mai 1948 ziehen die Degerndorfer jedes Jahr in einer Dankprozession zu ihrer Kapelle hinauf.

The Maria-Dank Chapel on Fürst Tegernberg mountain near Degerndorf is a place for contemplation, meditation, and enjoying the magnificent panoramic view. It was built after the Second World War out of gratitude. Since its inauguration on 23 May 1948, the villagers walk up to the chapel each year in a procession of thanks to God.

Recueillement, méditation et une extraordinaire vue panoramique sont au rendez-vous à la chapelle Maria Dank sur la colline Fürst Tegernberg près de Degerndorf. Elle fut construite après la deuxième guerre mondiale en remerciement. Depuis son inauguration, le 23 mai 1948, les habitants de Degerndorf y montent chaque année pour une procession de remerciement.

Im 17. Jahrhundert ließ Fürstbischof Albrecht Sigismund von Freising Schloss Ammerland errichten. König Ludwig I. schenkte es Mitte des 19. Jahrhunderts seinem Hofmusikintendanten Graf Franz von Pocci (1807–1876), bekannt als Schöpfer des »Kasperl Larifari«. Inzwischen befinden sich im »Pocci-Schloss« exklusive Privatwohnungen.

In the 17th century, Ammerland Castle was built for Archbishop Albrecht Sigismund of Freising. In the middle of the 19th century, King Ludwig I gave it to the artistic director of his court musicians Count Franz von Pocci (1807–1876), better known as the creator of "Punch & Judy". "Pocci Castle" is now divided up into exclusive apartments.

Au 17e siècle l'évêque princier Albrecht Sigismund de Freising fit construire le château Ammerland. Le roi Louis I l'offrit au milieu du 19e siècle à son intendant de la musique de la cour le comte Franz von Pocci (1807–1876), connu comme le créateur du «Kasperl Larifari». Aujourd'hui le «château Pocci» abrite des appartements luxueux.

Die Fischerei ist eines der ältesten Gewerbe am Starnberger See. Jahrhundertelang litt sie unter den strengen Abgaben an verschiedene Herren. Heute sind die Fischer in einer Genossenschaft zusammengeschlossen. Doch damals wie heute beginnt der Arbeitstag vor Sonnenaufgang und bedeutet harte Arbeit.

Fishing is one of the oldest commercial activities on Starnberger See. For centuries, fishermen were forced to pay high duties to a host of different rulers. Today the fishermen are organized into a cooperative. But then as now, the working day begins before sunrise and is hard work.

La pêche est l'une des activités professionnelles les plus anciennes du lac de Starnberg. Pendant des siècles elle fut soumise aux redevances strictes de différents maîtres. Aujourd'hui les pêcheurs sont regroupés dans une société coopérative. Autrefois, aussi bien que de nos jours, la journée de travail commence avant le lever du soleil et est un dur labeur.

»Hereinspaziert« wirbt das Gasthaus zum Fischmeister in Ambach für sich. Und jedes Jahr folgen viele, viele Gäste dieser Einladung gerne. Fischmeister waren früher die Beamten, die die Aufsicht über die Fischerei am See hatten und dafür sorgen mussten, dass jeden Freitagmorgen in der Münchner Hofküche frischer Fisch angeliefert wurde.

"Come in" proclaims the Gasthaus zum Fischmeister in Ambach. And each year, thousands of guests happily follow this invitation. Fischmeister (fish-masters) were formerly officials who oversaw fishing on the lake and ensured that fresh fish was delivered to the Munich court kitchen every Friday morning.

«Entrez donc» affiche à sa porte l'auberge Fischmeister à Ambach. Chaque année, de nombreux hôtes répondent à cette invitation. Fischmeister (patrons pêcheurs) étaient à l'époque les fonctionnaires chargés de la surveillance de la pêche du lac et de veiller à ce que chaque vendredi matin le poisson frais soit livré dans les cuisines royales munichoises.

Beispiele für die unterschiedlichen Villenstile sind etwa eine von außen eher schlicht-ländlich wirkende Villa in Seeheim (links oben) oder das Landhaus im verspielten Stilmix an der Nördlichen Seestraße in Weipertshausen (rechts oben). Das bunte Tor (unten) ist der Eingang zu der ehemaligen Villa des Schriftstellers Waldemar Bonsels.

Examples of different-style of villas include this rather plain-looking rural villa in Seeheim (above left) or this country house with a playful mix of styles in the Nördliche Seestrasse in Weipertshausen (above right). The colourful gate (below) marks to the entrance to the former villa of the writer Waldemar Bonsels.

Des exemples des différents styles de villas sont illustrés par une villa plutôt modeste et campagnarde de l'extérieur à Seeheim (en haut à gauche) et la maison de campagne de style fantaisie située Nördliche Seestrasse à Weipertshausen (en haut à droite). Le portail coloré (en bas) est l'entrée de l'ancienne villa de l'écrivain Waldemar Bonsels.

Ob in Buchscharn oder anderswo: Stege sind beliebt, um sich nach der Einkehr im Gasthaus ein wenig die Beine zu vertreten, zum Sonnenbaden, um im Wasser nach Fischen zu suchen oder um die leichte Abkühlung zu genießen, die sich dort selbst an heißen Sommertagen finden lässt.

In Buchscharn like elsewhere the jetty is popular with those wishing to sunbathe, look for fish, cool their feet on hot summer days, or stretch their legs after having visited the local inn.

A Buchscharn ou ailleurs : les pontons sont appréciés pour se dégourdir les jambes à la sortie de l'auberge local, pour prendre un bain de soleil, pour chercher les poissons dans l'eau ou encore se rafraîchir pendant les chaudes journées estivales.

Die Betreiber des Campingplatzes in Ambach haben sich einen der schönsten landschaftlichen Flecken am See ausgesucht, schließlich ist auch das beliebte Ambacher Erholungsgelände nicht weit.

The campsite in Ambach occupies one of the most scenic spots on the lake, with the popular Ambacher recreation area also not far away.

Les gérants du terrain de camping d'Ambach ont choisi l'un des plus beaux espaces au bord du lac : Il faut dire que le centre de loisirs d'Ambach n'est pas loin.

Beim Fischerstechen in Ammerland erproben wagemutige Burschen ihre Standfestigkeit und Kraft. Die Gegner versuchen, auf den ausgesetzten Brettern die Balance zu halten und sich gleichzeitig mit Stangen ins Wasser zu stoßen. Das Fischerstechen hat am Starnberger See eine lange Tradition, die aber im Wechsel der Zeiten immer wieder unterbrochen wurde.

The fishermen's jousting in Ammerland tests the stability and strength of the boys daring enough to take part in it. The aim is to try to maintain your balance on the plank while pushing your opponent into the water with the pole. Fishermen's jousting has a long history on Starnberger See, and has been repeatedly revived.

Lors des joutes des pêcheurs d'Ammerland les hommes audacieux mettent leur stabilité et leur force à l'épreuve. Les adversaires essaient de garder l'équilibre sur les planches et de se faire tomber dans l'eau avec des perches. La joute du lac de Starnberg a une longue tradition qui au cours des temps a été interrompue à plusieurs reprises.

Sommer in Seeshaupt am Starnberger See: Wer nicht genau hinschaut, fühlt sich bei diesem Anblick an Meeresgestade versetzt, wenn nur das allzu sanfte Wellenschaukeln und die typisch bayerischen Sommerwölkchen nicht wären.

Summer in Seeshaupt on Starnberger See: Were it not for the gentle waves and the typical Bavarian summer clouds, this could easily be taken to be a scene at the seashore.

L'été à Seeshaupt au bord du lac de Starnberg : Au premier coup d'œil on se croirait au bord de la mer, à condition de faire abstraction du si doux tangage des vagues et des petits nuages typiquement bavarois.

Kein Zweifel, der Blick über den Starnberger See nach Süden, dort, wo die Alpen der Landschaft einen neuen überaus reizvollen Aspekt hinzufügen, ist der schönste am See. Hier sehen wir am Ufer Seeshaupt, dahinter die typischen Voralpenhügel und -berge und schließlich die noch schneebedeckten Ammergauer Alpen.

There is little doubt that the most stunning view of all is southwards across Starnberger See and towards the Alps. Here we see the lakeshore town of Seeshaupt, behind it the typical alpine hills and foothills, and finally the still snow-capped Ammergau Alps.

Il n'y a pas de doute, la vue du lac de Starnberg en direction du sud, là où les Alpes subliment le paysage, est incontestablement la plus belle du lac. Ici nous voyons la rive de Seeshaupt, derrière les typiques collines et montagnes des Préalpes et enfin les Alpes de Ammergau encore couvertes de neige.

Winterruhe im Gastgarten des Restaurants Lido bei Seeshaupt am Starnberger See

The lakeside beer garden of the Lido Restaurant near Seeshaupt in winter-time

Repos hivernal dans le jardin du restaurant du Lido près de Seeshaupt au bord du lac de Starnberg

Ein Schmuckstück von außen und von innen ist die Wallfahrtskirche St. Maria im Heuwinkl bei Iffeldorf, auch Heuwinklkapelle genannt. Bemerkenswert ist vor allem die von Weitem sichtbare rote Kuppel mit zierlicher Laterne, die so gut in diese Landschaft passt. Der Hochaltar mit dem Gnadenbild stammt aus dem späten Rokoko.

A jewel from the outside and on the inside is the Pilgrimage Church of St Mary in Heuwinkl near Iffeldorf, also called Heuwinkl Chapel. Of particular note and visible from afar is its red dome and delicate lantern that fits perfectly into the landscape. The high altar with the icon of grace dates from the late Rococo period.

L'église de pèlerinage Sainte Maria de Heuwinkl près de Iffeldorf, nommée aussi chapelle de Heuwinkl est un véritable joyau aussi bien de l'extérieur que de l'intérieur. La coupole rouge visible de loin garnie d'un fin lanternon est remarquable et s'inscrit parfaitement dans ce paysage. Le maître-autel avec son médaillon est de style rococo tardif.

Seite 43:
Angesichts der Morgenstimmung an den Osterseen mit Blick auf Iffeldorf fühlt man sich an ein Gedicht von Eduard Mörike erinnert: »Im Nebel ruhet noch die Welt, noch träumen Wald und Wiesen: Bald siehst du, wenn der Schleier fällt, den blauen Himmel unverstellt, herbstkräftig die gedämpfte Welt in warmem Golde fließen.«

Page 43:
The early-morning atmosphere at the Osterseen with Iffeldorf in the background reminds one of a poem by Eduard Mörike: "The world's adream in fog's embrace, Still slumber woods and meadows, But soon, through the dissolving lace, You'll see the blue of endless space, The milder grace of autumn's face, Transcending golden shadows."

Page 43 :
L'ambiance matinale au bord des lacs Oster avec vue sur Iffeldorf rappelle un poème de Eduard Mörike : «Dans le brouillard repose le monde, forêts et prairies rêvent encore : Soudain tu vois, lorsque tombe le voile, le ciel bleu naturel, le monde automnal tamisé s'écouler dans l'or chaud.»

Die Osterseen entstanden aus riesigen, mit Schutt bedeckten Gletscherresten der letzten Eiszeit, die im Abschmelzen ihre Mulden zu Seen auffüllten.Viele Feuchtgebiete und mit ihnen wasserliebende Tiere und Pflanzen finden hier Lebensraum, die Menschen Platz zur Erholung und zur Begegnung mit der Natur.

The Osterseen were originally huge, debris-covered glacier-remnants from the last ice age which, upon melting, filled their depressions creating lakes. Large numbers of wetlands and water-loving animals and plants can be found here. People also come here to relax and to encounter nature.

Les lacs Oster se sont formés à partir des restes de glaciers recouverts d'éboulis de la dernière période glaciaire, qui en fondant remplissaient leurs cratères pour former des lacs. De nombreuses régions humides, les animaux et les plantes y trouvent leur milieu de vie, les hommes un lieu de repos en communion avec la nature.

Die Kiefer am Südostufer des Großen Ostersees setzt einen hübschen Kontrapunkt zu der weiten Seefläche und bildet einen attraktiven Rastplatz für viele Besucher. Denn die Runde um die Osterseen ist sehr beliebt und das nicht nur bei Erwachsenen, sondern auch bei Kindern. Das gilt vor allem für diese Stelle, an der es Platz zum Liegen, ein flaches Ufer mit kleinen Fischschwärmen, einen von Libellen umschwärmten Zufluss, Baum- und Buschwerk zum Turnen und Verstecken und rundum viel zu entdecken gibt.

The pine trees on the southern shores of the Grosser Ostersee form an attractive counterpoint to the wide area of the lake and are popular with visitors wishing to walk around the lakes, including families with children. This is especially true of the southern shore, as it includes space in which to lie down, a flat shoreline with fish shoals, a tributary that is swarming with dragonflies, trees and shrubs for playing and hiding in, and much more.

Les pins de la rive sud-est du grand lac Oster forment un joli contraste avec l'immense surface du lac et est un lieu de repos attrayant pour de nombreux visiteurs. En effet le pourtour des lacs Oster est très apprécié et pas seulement par les adultes, mais aussi par les enfants. C'est surtout le cas là où on peut s'allonger, où la rive est peu profonde avec de petits bancs de poissons, où volent les libellules, où il y a des arbres et buissons pour grimper et jouer à cache-cache et beaucoup à découvrir.

Die Kunst ist oft an Seeufern zu Hause. Das Buchheim Museum der Phantasie bei Bernried enthält vor allem Werke und Sammlungen des Künstlers und Verlegers Lothar-Günther Buchheim (1918–2007). Es zeigt nicht nur Kunst auf ansprechende und lebendige Weise, sondern ist selbst ein Gesamtkunstwerk im Zusammenspiel von Architektur und Natur.

Art can often be found on lakeshores. The Buchheim Museum of Imagination at Bernried mainly houses the works and collections of the artist and publisher Lothar-Günther Buchheim (1918–2007). It not only displays art in an attractive and lively manner, but is itself a work of art in the way that it interplays architecture and nature.

Le «Museum der Phantasie» (Musée de l'imagination) près de Bernried comprend essentiellement les œuvres et collections de l'artiste et éditeur Lothar-Günther Buchheim (1918–2007). Non seulement il présente l'art d'une manière attrayante et vivante, mais il s'agit aussi d'une œuvre d'art totale unissant l'architecture et la nature.

Kloster Bernried ist nicht nur im Winter ein Ort der Ruhe, Einkehr und Bildung. Das Kloster war früher ein Augustinerchorherrenstift, wurde 1803 im Rahmen der Säkularisation aufgelöst, 1949 von Missionsbenediktinerinnen aus dem nahen Tutzing bezogen und wird heute auch als Haus für die Erwachsenenbildung genutzt.

Bernried Monastery is a place of rest, reflection and education all year round and not just in winter. The monastery was once an Augustinian canon monastery, but was dissolved in 1803 in the wake of secularization. In 1949 it was taken over by the Missionary Benedictines from nearby Tutzing and is nowadays also used as a centre for further education.

Le couvent de Bernried n'est pas seulement en hiver un havre de paix, de recueillement et de culture. Autrefois cloître des Augustins, il fut désaffecté en 1803 dans le cadre de la sécularisation et repris en 1949 par des Bénédictines missionnaires de Tutzing situé près de là et est aujourd'hui un centre de formation pour adultes.

Die traditionelle Tutzinger Fischerhochzeit erinnert an ein junges Fischerpaar, das vor vielen Jahren nach manchen Schwierigkeiten und einer langen Trennung doch noch glücklich zusammengekommen ist. Dieses Ereignis feiern die Tutzinger – und mit ihnen viele Zuschauer – alle fünf Jahre mit festlichen Trachten und großer Begeisterung.

The traditional Tutzing Fisherman's Wedding recalls the wedding of a young couple who long ago, despite many difficulties and a long separation, still managed to tie the knot. Tutzingers – and onlookers – celebrate this event in traditional costumes every five years with great enthusiasm.

La tradition du «Tutzinger Fischerhochzeit» ou mariage des pêcheurs de Tutzing rappelle l'histoire d'un jeune couple de pêcheurs qui après une longue séparation s'est finalement retrouvé pour former un couple heureux. Les habitants de Tutzing, vêtus de costumes folkloriques, fêtent cet évènement tous les cinq ans avec beaucoup d'enthousiasme.

Die Ilkahöhe ist nach der Erbin des letzten Grafen von Vieregg benannt, der 1966 als Schlossherr von Tutzing starb. Von dort bietet sich eine herrliche Aussicht über Oberzeismering und den Karpfenwinkel zwischen Tutzing und Bernried hinweg auf ein Alpenpanorama vom Wilden Kaiser zu den Ammergauer Alpen.

The Ilkahöhe is named after the heiress of the last Count von Vieregg, who died in 1966 as lord of the castle of Tutzing. It offers a magnificent view of Oberzeismering and the Karpfenwinkel between Tutzing and Bernried, as well as of the mountains behind, from the Wilder Kaiser to the Ammergau Alps.

La colline d'Ilka, nommée «Ilkahöhe», doit son nom à l'héritière du dernier comte de Vieregg qui mourut en 1966 comme châtelain de Tutzing. Du haut de cette colline la vue sur Oberzeismering et Karpfenwinkel entre Tutzing et Bernried est magnifique et dévoile le panorama des Alpes s'étendant du Wilder Kaiser aux Alpes de Oberammergau.

Ein Ort wie an einem stillen Bergsee, aber tatsächlich steht diese Baumgruppe direkt an der belebten Tutzinger Uferpromenade und bietet vor allem an heißen Tagen willkommenen Schatten.

Although it might appear as if this picture was taken at a peaceful mountain lake, it is actually a group of trees on Tutzing's lively lakeshore promenade that provides welcome shade, especially on hot summer days.

Un lieu paisible situé au bord d'un lac de montagne? En réalité ce bouquet d'arbres se trouve tout au bord du lac, le long de la promenade animée de Tutzing et protège de son ombre bienfaisante quand il fait très chaud.

Seite 50:
Tutzinger Impressionen: reich mit Lüftlmalerei geschmücktes Haus in der Hauptstraße (links oben); kunstvoller Gitterfächer am Parkufer des ehemaligen Schlosses Tutzing, heute Evangelische Akademie (rechts oben); diese Löwen flankieren die Freitreppe zum Midgardhaus (links unten); Restaurant und Biergarten zum Häring im Midgardhaus direkt am See (rechts unten).

Page 50:
Impressions of Tutzing: a building decorated with lavish murals in Hauptstrasse (above left); elaborate lattice fencing on the park shore of Tutzing Castle, which now houses the Evangelic Academy (above right); these lions flank the staircase to the Midgard House (below left); the Häring restaurant and beer garden in the Midgard House right next to the lake (below right).

Page 50 :
Impressions de Tutzing : maison à la façade décorée de fresques située Hauptstrasse (en haut à gauche); jolis éventails décoratifs de fer forgé sur la rive du parc de l'ancien château de Tutzing, aujourd'hui siège de l'Académie protestante (en haut à droite); ces lions ornent le perron de la maison Midgard (en bas à gauche); restaurant et terrasse de Häring dans la maison Midgard située juste au bord du lac (en bas à droite).

Die Roseninsel gehörte seit 1850 dem bayerischen König Maximilian II. Sein Sohn Ludwig, der spätere legendäre »Märchenkönig«, traf sich hier oft mit seiner Cousine Elisabeth, der österreichischen Kaiserin. Heute verkehrt von Frühjahr bis Herbst ein Fährboot zur Insel, bei diesem lohnenden Ausflug kann man auch das Casino und den Rosengarten besuchen.

In 1850, Rose Island was bought by Bavarian King Maximilian II. His son, Ludwig, who later on became the renowned "Fairytale King", often met his cousin Elisabeth, the Austrian empress, here. Today a ferry runs to the island between the spring and the autumn. The island, with its royal villa (Casino) and rose garden, is well worth visiting.

L'île aux roses appartenait depuis 1850 au roi de Bavière Maximilian II. Son fils Louis y rencontrait souvent sa cousine Elisabeth, l'impératrice autrichienne. Aujourd'hui du printemps à l'automne un ferry-boat dessert l'île. Lors de cette intéressante excursion il est aussi possible de visiter le casino et la roseraie.

Einzige Insel im Starnberger See ist die »Wörth« oder auch »Roseninsel« vor Feldafing. Sie gilt im Raum Starnberger See und Ammersee als ältester bekannter Siedlungsgrund. König Maximilian II. baute auf der Wörth ein kleines Schlösschen oder eher eine romantische Villa (Casino) und machte sie durch seinen Rosengarten zur »Roseninsel«.

The only island in Starnberger See is "Wörth" or "Rose Island" near Feldafing. It was the earliest site to be occupied in the Starnberger See and Ammersee area. King Maximilian II built a romantic villa (Casino) on Wörth and created a rose garden, transforming it into "Rose Island".

La seule île du lac de Starnberg est celle de Wörth nommée aussi «l'île des roses» près de Feldafing. Elle est considérée dans la région des lacs de Starnberg et Ammer comme la cité la plus ancienne connue. Le roi Maximilian II y fit construire un petit château ou plutôt une villa romantique (casino) où il fit planter une roseraie et en fit «l'île aux roses».

Das gemütliche, traditionsreiche Hotel in Feldafing mit der gepflegten Aussichtsterrasse war früher das gern frequentierte »Hotel Strauch« und heißt heute Golfhotel »Kaiserin Elisabeth« (oben). Die österreichische Kaiserin bezog viele Sommer lang mit ihrem Hofstaat Räumlichkeiten im Hotel und besuchte ihre Familie im nahen Schloss Possenhofen.
Das Kaiserin Elisabeth Museum von Pöcking ist im Königssalon des historischen Bahnhofs von Possenhofen untergebracht (unten).

This cosy, traditional hotel in Feldafing with its landscaped viewing terrace was once the popular "Hotel Strauch" and is now known as the Golf Hotel "Kaiserin Elisabeth" (above). The Austrian Empress spent many summers with her attendants in the hotel and visited her family in nearby Possenhofen Castle.
The Empress Elizabeth Museum in Pöcking is housed in the royal saloon of Possenhofen's historical railway station (below).

L'hôtel traditionnel, accueillant et très fréquenté de Feldafing avec son élégante terrasse panoramique s'appelait autrefois «l'hôtel Strauch», aujourd'hui il se nomme hôtel du golf «Kaiserin Elisabeth», (impératrice Elisabeth) (en haut). L'impératrice autrichienne occupa de nombreux étés durant les pièces de l'hôtel avec sa cour et rendit visite à sa famille au proche château de Possenhofen.
Le salon royal de la gare historique de Possenhofen abrite le musée de l'impératrice Elisabeth de Pöcking (en bas).

Herzog Maximilian Joseph in Bayern kaufte Schloss Possenhofen 1834. In der idyllischen Sommerresidenz verbrachten seine Tochter Elisabeth (Sisi) und ihre sieben Geschwister unbeschwerte Jugendjahre. Der ehemalige Schlosspark ist in das Erholungsgelände »Paradies« der Landeshauptstadt München und einen Golfplatz aufgeteilt.

Bavarian Duke Maximilian Joseph bought Possenhofen – the idyllic summer residence where his daughter Elisabeth (Sisi) and her seven siblings spent their carefree youth – in 1834. The former castle park is now divided up into the "Paradies" recreation area belonging to the city of Munich and a golf course.

Le duc Maximilian Joseph de Bavière acheta le château de Possenhofen en 1834 et fit ainsi l'acquisition d'une résidence estivale idyllique où sa fille Elisabeth (Sisi) et ses sept frères et sœurs passèrent une jeunesse insouciante. Aujourd'hui le site de loisirs «Paradies» (paradis) de la capitale du Land de Munich et un terrain de golf se partagent l'ancien parc du château.

Das schmucke alte Fischerhaus in Possenhofen gehört wie das Schloss zum Gemeindegebiet des Bajuwarenortes Pöcking. Funde aus der Stein- und der Keltenzeit weisen auf eine frühe Besiedelung des Pöckinger Raumes hin.

This quaint old fisherman's cottage in Possenhofen, like the castle, belongs to the municipality of Pöcking. Relics from the Stone Age and the Celtic era indicate that the area was settled very early on.

La charmante ancienne maison de pêcheur de Possenhofen ainsi que le château appartiennent à la commune du site bavarois de Pöcking. Des vestiges issus de l'âge de la pierre et de l'ère celtique témoignent d'une cité antique dans la région de Pöcking.

Baden, selbst mit dem Boot fahren, sich von einem der Passagierdampfer fahren lassen oder doch nur einfach ruhig am Ufer der Roseninsel sitzen, um sich über diesen Ausblick zu freuen? Es gibt viele Möglichkeiten, den Starnberger See zu genießen.

Go for a swim, row your own boat, sail on a passenger steamer, or simply sit quietly on the shores of Rose Island and enjoy the view? There are countless different ways of enjoying oneself at Starnberger See.

Se baigner, faire un tour en barque ou une excursion en paquebot ou encore tout simplement s'asseoir au bord de l'île aux roses et admirer le panorama : il y a tant de manières de profiter du lac de Starnberg.

Ende September wird es abends kühl in dem gemütlichen Biergarten Maisinger Seehof am Maisinger See. Aber wenn die Sonne am nächsten Tag erneut durch die herbstlich angehauchten Blätter leuchtet und im Altweibersommer ihre letzte Wärme verschenkt, werden sich die Bänke wieder füllen.

In late September the evenings start getting chilly in the Maisinger Seehof beer garden at Maisinger See. But the next day, when the sun once again shines through autumn-tinged leaves and the beer garden is bathed in the warmth of an Indian summer, the benches fill up again.

Fin septembre les soirées sont fraîches à l'accueillante terrasse de la brasserie Maisinger Seehof au bord du lac de Maising. Mais dès que le lendemain le soleil scintillera à travers le feuillage automnal et que la dernière chaleur de l'été indien se fera sentir, à ce moment-là la terrasse se remplira de nouveau.

Die Maisinger Schlucht zählt zu den beliebten und viel begangenen Wandergebieten im Fünfseenland. Begleitet von Nagelfluhwänden und dem munteren Maisinger Bach erlebt der Erholung suchende eine wunderbare Natur. Eltern werden mit einem Blick erkennen: Kinder finden hier ebenfalls genügend Abwechslung und Spaß.

The Maisinger Gorge is one of the most popular and heavily-used hiking areas in the Five Lakes Region. With its nagelfluh walls and lively stream, it is an ideal place for experiencing nature. And parents will immediately recognize that there is more than enough variety in it to keep children amused.

Les gorges de Maising font partie des lieux de randonnée favoris et très fréquentés du pays des cinq lacs. Encadré par les parois rocheuses et longeant la joyeuse rivière de Maising le promeneur prend un merveilleux bain de nature. Les enfants aussi y trouvent leur bonheur à la grande joie de leurs parents.

Eindrücke vom Weßlinger See: idyllische Kaffeepause im Café am See (links oben); kunstvoll gestalteter Zugang zu einer Villa in der Uferstraße (rechts oben); die Bletschacher-Villa im Alzheimergassl wurde 1898 von Max Ostenrieder erbaut (unten).

Impressions of Wesslinger See: a coffee break at the idyllic lakeside café (above left); the artistically-designed gateway to a villa in Uferstrasse (above right); the Bletschacher-Villa in Alzheimergassl was built in 1898 by Max Ostenrieder (below).

Impressions du lac de Wessling : pause café bucolique au Café am See (en haut à gauche); entrée décorée avec art d'une villa dans la Uferstrasse (en haut à droite); la villa Bletschacher dans la rueelle Alzheimergassl fut construite en 1898 par Max Ostenrieder (en bas).

Der Weßlinger See ist bei Einheimischen und Besuchern das ganze Jahr über beliebt. Er ist aus einem Toteisblock entstanden und wird fast ausschließlich aus unterirdischen Quellen gespeist. Zwei Kirchen bestimmen das Ortsbild von Weßling am See: Mariä Himmelfahrt mit Satteldach (im Bild) und die Christkönig-Pfarrkirche mit ihrer großen Turmzwiebel.

The Wesslinger See is popular with locals and visitors all year round. It was originally a glacier remnant and is fed almost exclusively from underground sources. Two churches dominate the townscape of Wessling am See: the Church of the Assumption with its gabled roof (pictured) and the Parish Church of Christ the King with its large onion tower.

Le lac de Wessling est très apprécié toute l'année par les riverains et visiteurs. Il s'est formé à partir d'un bloc de glace morte et est alimenté presque exclusivement par des sources d'eau souterraines. Deux églises caractérisent Wessling am See : Mariä Himmelfahrt avec son toit à bâtière (photo) et l'église paroissiale Christkönig avec son grand clocher à bulbe.

Im katholisch geprägten Bayern erfuhr die Muttergottes als Landespatronin »Patrona Bavariae« besondere Verehrung. Ihr sind viele Kirchen geweiht, so die alte Pfarrkirche Mariä Himmelfahrt in Weßling (links) oder die Wallfahrtskapelle Mariahilf in Grünsink (rechts). Das üppig eingerahmte Gnadenbild am Hauptaltar der Wallfahrtskapelle (Mitte) ist eine Kopie des Innsbrucker Mariahilfgemäldes von Lucas Cranach dem Älteren.

In predominantly Catholic Bavaria, the Virgin Mary as the "Patrona Bavariae" or patron saint of the region has always been particularly venerated. Many churches are dedicated to her, including the old Parish Church of the Assumption in Wessling (left) and the Mariahilf Pilgrimage Chapel in Grünsink (right).
The lavishly framed icon of grace on the high altar of the pilgrimage chapel (centre) is a replica of the Mariahilf painting by Lucas Cranach the Elder in Innsbruck.

En Bavière sous influence catholique la Sainte Vierge est très vénérée comme patronne du land «Patrona Bavariae». De nombreuses églises lui sont dédiées, comme l'ancienne église paroissiale Mariä Himmelfahrt à Wessling (à gauche) ou la chapelle de pèlerinage Mariahilf à Grünsink (à droite).
L'ex voto pompeusement encadré du maître-autel de la chapelle de pèlerinage (milieu) est une copie du tableau Mariahilf à Innsbruck de Lucas Cranach, l'Ancien.

Die Siedlung Oberalting wird bereits im 9. Jahrhundert erwähnt. Die Pfarrkirche St. Peter und Paul mit dem harmonischen Uhren-Ensemble am Turm war früher Gruftkirche der Grafen von Toerring. Sie hatten im nahen Seefeld ihren Sitz.

The first written reference to Oberalting dates back to the 9th century. The Parish Church of St Peter and Paul with its harmonious clock ensemble on its tower was once the tomb-church of the Counts von Toerring. Their seat was in nearby Seefeld.

La cité d'Oberalting est mentionnée dès le 9e siècle. L'église paroissiale Saint Pierre et Paul avec les harmonieuses horloges de son clocher fut autrefois l'église sépulcrale des comtes de Toerring. Ils demeuraient à Seefeld, situé à proximité.

Einst bildete der Pilsensee mit dem Ammersee eine große Wasserfläche. Doch mit fortschreitender Verlandung werden beide durch das Herrschinger Moos immer weiter voneinander getrennt. Der Trubel ist am Pilsensee nicht so groß wie andernorts, aber auch hier vergnügt man sich im Sommer mit Plantschen, einem Sonnenbad oder Wassersport.

At one time Pilsensee and Ammersee formed one large body of water. However, progressive silting resulted in them in being gradually separated from each other by the Herrschinger Moos. Pilsensee is quieter than the other lakes, but in the summer people come here too to splash around, sunbathe or take part in water sports.

Autrefois les lacs Pilsen et Ammer formaient un seul grand plan d'eau. Cependant du fait de l'alluvionnement croissant ils sont de plus en plus séparés par le marais de Herrsching. L'animation au bord du Pilsensee n'est pas aussi importante qu'ailleurs, mais ici aussi, l'été, on aime barboter dans l'eau, prendre un bain de soleil et pratiquer des sports aquatiques.

Schloss Seefeld am Pilsensee war seit 1472 Sitz der Grafen von Toerring, die als treue Gefolgsleute und Hofmarkherren der Wittelsbacher jahrhundertelang im Landstrich rund um den Wörthsee und den Pilsensee Einfluss nahmen. Das Schloss ist heute noch im Besitz der Familie zu Toerring-Jettenbach.

Seefeld Castle on Pilsensee has been the seat of the Counts von Toerring since 1472. For centuries they remained loyal to the Wittelsbachs and ruled the territory around Wörthsee and Pilsensee. The castle is still owned by the Toerring-Jettenbach family.

Le château de Seefeld au bord du lac Pilsen fut jusqu'en 1472 le siège des comtes de Toerring, qui, en tant que fidèles membres de la suite et seigneurs à la cour des Wittelsbach exercèrent leur influence pendant des siècles dans la région autour du lac Wörth et Pilsen. Le château appartient encore aujourd'hui à la famille Toerring-Jettenbach.

Bilder vom Wörthsee: Segelboote warten im Hafen von Bachern am Wörthsee auf ihren nächsten Törn (oben); Einkehr im Biergarten »Paradieswinkel« des Gasthofs Woerl (unten).

Images of Wörthsee: Sailing boats moored at the harbour of Bachern am Wörthsee (above); a pleasant afternoon at the "Paradieswinkel" beer garden belonging to the Woerl inn (below).

Images du Wörthsee : les voiliers attendent le prochain tour dans le port de Bachern au bord du lac Wörth (en haut); pause à la terrasse «Paradieswinkel» (coin de paradis) de l'auberge Woerl (en bas).

Seite 67:
Bei der Segelregatta auf dem Wörthsee lassen die bunten Spinnaker (Vorsegel) nicht nur Eingeweihte wissen, wie ihre Favoriten im Rennen liegen, sondern setzen auch fröhliche Farbakzente ins Grün der Uferlandschaft.

Page 67:
During the sailing regatta on Wörthsee, the colourful spinnakers (headsails) not only let insiders know how their favourites are doing in the race, but also add a dash of colour to the green shoreline.

Page 67 :
Lors de la régatte de voile du lac Wörth les spinnakers (voile avant) multicolores permettent non seulement aux initiés de reconnaître la position de leurs favoris, mais encore ils ajoutent de joyeux accents de couleur au paysage verdoyant de la rive.

Es ist nicht immer leicht, zu den Ufern des Wörthsees vorzudringen, denn rundum versperren, mit Ausnahme einiger Badegelände, viele Privatgrundstücke dem neugierigen Besucher den direkten Weg zum See. Aber dieser Blick über den Wörthsee auf den Hauptort Steinebach und seine alte St.-Martins-Kirche zeigt, dass es sich lohnt, einen Zugang zum See zu suchen. Der Wörthsee selbst gehört den Grafen zu Toerring-Jettenbach, seine Ufer teilen sich auf zwischen den Gemeinden Inning, Seefeld (Sitz der Grafen zu Toerring-Jettenbach) und Wörthsee.

It is not always easy to reach the shore of Wörthsee because access is blocked by the large numbers of private houses. There are, however, some bathing areas that allow access to the lake. This view across the Wörthsee towards Steinebach and its old St Martin's Church shows that it is worthwhile seeking them out. Wörthsee itself belongs to the Counts zu Toerring-Jettenbach, with its shores divided up between the municipalities of Inning, Seefeld (the seat of the Counts zu Toerring-Jettenbach) and Wörthsee.

Il n'est pas toujours facile d'accéder jusqu'à la rive du lac Wörth, car sur son pourtour complet, à l'exception de quelques emplacements réservés à la baignade, nombre de terrains privés empêchent le visiteur curieux de parvenir au bord du lac. Néanmoins la vue sur le lac, à partir de la commune de Steinebach avec son ancienne église Saint Martin, prouve qu'il vaut la peine de chercher une voie d'accès au lac. Le lac même appartient aux comtes de Toerring-Jettenbach. Les communes d'Inning, Seefeld (siège des comtes de Toerring-Jettenbach) et Wörthsee se partagent ses rives.

Noch leuchten die Farben rund um die Insel Wörth im See. Doch schon sammelt der Tag seine Farben ein und breitet langsam den blauen Mantel der Schatten über den Wörthsee und seine Ufer.

Here the colours on and around Wörth Island are still vibrant. But as the day comes to an end, the colours slowly vanish and a blue shadowy cloak slowly envelops Wörthsee and its shores.

Les couleurs scintillent encore autour de l'île Wörth du lac. Mais bientôt le jour va ranger sa palette de couleurs et étendre lentement son manteau d'ombre bleue sur le lac Wörth et ses rives.

Der Schmuck der Wallfahrtskirche St. Rasso in Grafrath stammt vor allem aus dem Rokoko. Der Stuck wird Johann Georg Üblhör, Franz Xaver Feichtmayr d. Ä. und Johann Michael Feichtmayr zugeschrieben, die Fresken malte Johann Georg Bergmüller, der Hochaltar entstand nach Entwürfen Ignaz Günthers in der Werkstatt von Johann Baptist Straub.

The decoration inside the Pilgrimage Church of St Rasso in Grafrath is primarily rococo. The stuccowork is attributed to Johann Georg Üblhör, Franz Xaver Feichtmayr the Elder and Johann Michael Feichtmayr. The frescoes were painted by Johann Georg Bergmüller, while the high altar was designed by Ignaz Günther and built in the workshop of Johann Baptist Straub.

Les ornements de l'église de pèlerinage Saint Rasso de Grafrath sont essentiellement de style rococo. Le stuc a été réalisé par Johann Georg Üblhör, Franz Xaver Feichtmayr l'Ancien et Johann Michael Feichtmayr, les fresques ont été peintes par Johann Georg Bergmüller, le maître-autel a été construit selon les esquisses de Ignaz Günther.

Von außen wirkt die Wallfahrtskirche St. Rasso eher schlicht. Sie liegt am südlichen Ortseingang von Grafrath am Rande des schilfbedeckten Oberen Mooses. Dort soll Graf Rasso, ein Hüne aus dem Geschlecht der Grafen von Dießen-Andechs, 950 ein kleines Kloster gegründet und die letzten beiden Jahre seines Lebens als Laienbruder verbracht haben. Im 12. Jahrhundert wurde die Wallfahrt zum damals vermutlich recht bescheidenen Kirchlein begründet. Der heutige Bau stammt von dem Bregenzer Baumeister Michael Thum, seit der Kirchenweihe im Jahr 1695 sind die sterblichen Überreste des heiligen Rasso unter dem Hochaltar begraben.

From the outside the Pilgrimage Church of St Rasso looks fairly plain. It is located at the southern entrance to Grafrath on the edge of the reed-covered Oberes Moos. This is where Count Rasso, a member of the Andechs-Diessen dynasty and a giant of a man, allegedly founded a small monastery in 950 in which he spent the final two years of his life as a lay brother. In the 12th century, pilgrimages began to what was probably at the time quite a modest church. The present building is the work of the Bregenz builder Michael Thum, and was consecrated in 1695. The remains of St Rasso are buried underneath the high altar.

Vue de l'extérieur l'église de pèlerinage Saint Rasso semble plutôt simple. Elle se situe à l'entrée sud de Grafrath en bordure du Oberes Moos un marais supérieur couvert de roseaux. C'est ici, d'après la légende, que le comte Rasso, un géant de la dynastie des comtes de Diessen-Andechs, en 950, fonda un monastère et passa les deux dernières années de sa vie comme frère laïc. Au 12e siècle s'établit le pèlerinage vers la petite église modeste de l'époque. L'église actuelle a été construite par le maître d'œuvre Michael Thum. Depuis la bénédiction de l'église en 1695 la dépouille mortelle de Saint Rasso est enterrée sous le maître-autel.

Die Ammer im Süden ist der Zufluss, die Amper im Norden (Bild) der Abfluss des Ammersees. Sie verlässt ihn bei Stegen und bahnt sich ihren Weg bis Grafrath durch das Naturschutzgebiet Oberes Moos.

The Ammer in the south flows into the lake, and the Amper in the north (pictured) flows out of Ammersee. It leaves the lake near Stegen and makes its way to Grafrath through the Oberes Moos nature reserve.

Au sud la rivière Ammer est l'affluent, l'Amper au nord (photo) est la rivière d'écoulement du lac Ammer. Celui-ci quitte le lac à Stegen et se fraie son chemin à travers la réserve naturelle d'Oberes Moos.

Schiffe der Bayerischen Ammersee-Schifffahrt in Stegen: Die MS Utting kann etwa 400 Personen befördern. Daneben sind die MS Augsburg und die Raddampfer »Herrsching« und »Dießen« im Einsatz. Die Schifffahrt startete am Ammersee 1878 mit der Gründung einer Aktiengesellschaft und dem Auftrag zum Bau eines Schiffes für 150 Personen.

Ships belonging to the Bayerische Ammersee-Schifffahrt company in Stegen: The MS Utting can carry around 400 passengers. Also active on the lake are the MS Augsburg and the paddle steamers “Herrsching” and “Diessen”. Cruising first began on Ammersee in 1878 when a public company was founded and the first ship for 150 passengers was commissioned.

Bateaux de la flotte bavaroise du lac Ammer à Stegen : Le MS Utting peut transporter environ 400 personnes. Le MS Augsburg et les bateaux à aubes «Herrsching» et «Diessen» font aussi partie de la flotte. La navigation commença sur le lac Ammer en 1878 avec la création d’une société anonyme et la commande d’un bateau devant transporter 150 personnes.

Im Biergarten des Seehauses Schreyegg in Stegen (oben) ist auch willkommen, wer nur seinen Durst löschen will. Warum aber ist die Gastronomie dort auf so viele Personen ausgelegt? Heute ist Stegen nur eine der Anlegestellen am Ammersee, doch bis 1930 war es ein Verkehrsknotenpunkt. Damals stiegen hier Tausende von Wallfahrern und Sommerfrischlern um, die mit dem Schiff auf der Amper vom Bahnhof in Grafrath kamen und einen Ausflug oder eine Pilgerfahrt nach Dießen oder Andechs machen wollten.
Auf dem Badesteg bei Inning am Ammersee hört man nichts mehr vom Rauschen des Verkehrs auf der nahen A 96 München–Lindau, sondern kann ungestört dem Plätschern der Wellen lauschen (unten).

The beer garden of the Seehaus Schreyegg in Stegen (above) is open to anyone wishing to quench their thirst. But why is it so big? Because, while Stegen today is just one of the many mooring points on Ammersee, until 1930 it was a transportation hub. Back then thousands of pilgrims and summer holiday-makers came here by boat on the Amper, having arrived at the station in Grafrath and wishing to continue to Diessen or Andechs.
On the jetty near Inning the traffic noise from the nearby A 96 Munich–Lindau highway is all but non-existent, with only the gentle lapping of the waves to be heard (below).

Sur la terrasse de Seehaus Schreyegg à Stegen (en haut) vous serez le bienvenu même si vous ne voulez qu'étancher votre soif. Mais pourquoi le restaurant est-il si grand? Aujourd'hui Stegen n'est plus qu'un embarcadère du lac Ammer, mais jusqu'en 1930 c'était une plaque tournante. A l'époque des milliers de pèlerins et de visiteurs qui arrivaient en bateau sur l'Amper descendaient à la gare de Grafrath pour faire une excursion ou un pèlerinage vers Diessen ou Andechs.
Sur le ponton près d'Inning au bord du lac on ne perçoit plus le bruit de fond de la proche autoroute A 96 reliant Munich à Lindau; on peut écouter tranquillement le clapotis des vagues (en bas).

Der Raddampfer »Herrsching« verlässt Stegen. Auch wenn die Bezeichnung »Raddampfer« ein gewisses Alter signalisieren könnte – das Schiff wurde erst 2002 gebaut. Auf den Schiffen der Bayerischen Seenschifffahrt lässt es sich bequem reisen und bei Sonderfahrten stilvoll feiern. Sportlicher ist die Fahrt im Ruderboot, zudem bestimmt der »Kapitän« selbst den Kurs.

The paddle steamer “Herrsching” leaving Stegen. Although the name “steamer” might suggest a ship of a certain age, in actual fact it was only built in 2002. All the Bayerische Seenschifffahrt ships offer comfort and, on special occasions, style too. A trip in a rowing boat is definitely more sporty, with the “captain” himself determining the course.

Le bateau à aubes «Herrsching» quitte Stegen. Même si l’expression «bateau à aubes» a une connotation ancienne, il ne fut construit qu’en 2002. Les bateaux de la flotte bavaroise sont confortables et se prêtent à des fêtes élégantes dans le cadre de trajets spéciaux. L’excursion en barque est plus sportive, de plus le «capitaine» tient lui-même la barre.

Kein Zweifel: Die Ufer des Ammersees versprechen mehr Ruhe als diejenigen am Starnberger See. So naturbelassen wie hier bei Eching ist aber nicht das ganze Ufer. Eching liegt am Nordufer des Ammersees und grenzt an das Naturschutzgebiet »Ampermoos« und an das bewaldete Erholungsgebiet »Weingarten« an.

The shores of Ammersee are undoubtedly more peaceful than those of Starnberger See. The entire shore is not always in such pristine condition as here in Eching, however. Eching lies on the north shore of Ammersee and borders the "Ampermoos" nature reserve and the wooded "Weingarten" recreation area.

Pas de doute : Les rives du lac Ammer promettent plus de tranquillité que celles du lac de Starnberg. Mais tout le rivage n'est pas partout aussi intact qu'ici à Eching. Eching est situé sur la rive nord du lac Ammer et touche à la réserve naturelle «Ampermoos» et à la zone boisée d'excursion de «Weingarten».

Schloss Greifenberg ist seit 1478 im Besitz der Freiherren von Perfall. Der im Kern mittelalterliche Bau umschließt einen Innenhof und ist bis heute nur über diese Brücke zugänglich. Das Schloss wurde 1760 nach einem Brand neu aufgebaut. Hundeliebhabern ist Schloss Greifenberg wegen des Hundefestivals »h.und« bekannt.

Castle Greifenberg has been owned by the Barons von Perfall since 1478. The essentially mediaeval structure is built around a courtyard and is still only accessible via this bridge. The castle was rebuilt in 1760 after a fire. Dog lovers are familiar with Greifenberg Castle as the "h.und" dogs festival is held here.

Le château de Greifenberg appartient depuis 1478 au baron de Perfall. La construction d'architecture médiévale entoure une cour intérieure et n'est aujourd'hui accessible que par ce pont. Suite à un incendie le château fut reconstruit en 1760. Les amis des chiens connaissent le château de Greifenberg pour son festival du chien nommé «h.und».

Das Wilhelm-Leibl-Haus (oben) erinnert daran, dass der Maler Wilhelm Leibl (1844–1900) von 1875 bis 1877 in Unterschondorf wohnte und arbeitete. Das Originalwohnhaus wurde allerdings 1924 abgerissen. Ein trauriger Erinnerungsplatz im Original ist dagegen das Grab seines Sohnes Karl. Die Mutter war die Wirtstochter Resl. Als der kleine Karl 1877 an Keuchhusten starb, verließ Wilhelm Leibl Unterschondorf für immer.
In der »Alten Villa« in Utting am Ammersee wählt der Gast zwischen einem Restaurant und einem schattigen Biergarten direkt am See. Dort sorgt an Sonn- und Feiertagen am Vormittag, im Sommer auch am Samstagabend, eine Jazz- oder Dixieband für gute Stimmung (unten).

The Wilhelm Leibl House (above) is named after the artist Wilhelm Leibl (1844–1900) who from 1875 to 1877 lived and worked in Unterschondorf. The original house was demolished in 1924, but the grave of his son Karl remains in its original location. His mother was an innkeeper's daughter called Resl. When little Karl died of whooping cough in 1877, Wilhelm Leibl left Unterschondorf forever.
In the "Alte Villa" in Utting am Ammersee, guests can choose between the restaurant or the shady beer garden next to the lake. On Sundays and public holidays, a jazz or Dixie band entertains guests in the morning, and in the summer on Saturday nights too.

La maison Wilhelm Leibl (en haut) rappelle que le peintre Wilhelm Leibl (1844–1900) résida et travailla de 1875 à 1877 à Unterschondorf. La maison d'origine fut démolie en 1924. En revanche la tombe de son fils Karl est liée à un triste souvenir. Resl, la mère de l'enfant était la fille de l'aubergiste. A la mort du petit Karl en 1877 suite à une coqueluche, Wilhelm Leibl quitta pour toujours Unterschondorf.
Dans la «Alte Villa» d'Utting am Ammersee le client peut choisir entre le restaurant et la terrasse ombragée située directement au bord du lac. Les dimanches et les jours fériés en matinée et les samedis d'été en soirée, des concerts de jazz ou dixieland promettent une bonne ambiance (en bas).

Die Impression vom Schondorfer Ufer des Ammersees erscheint wie ein Sinnbild der seit Jahrtausenden anhaltenden Sehnsucht des Menschen nach dem Wasser.

The impressions of Ammersee from the lakeshore at Schorndorf reflect man's continuing and eternal longing for water.

L'impression se dégageant de la rive de Schondorf du lac Ammer symbolise l'attirance nostalgique et permanente de l'homme pour l'eau depuis des millénaires.

Nein, alleine ist man nicht, am Uttinger Badestrand. Denn kaum ein Bad kann mit so einem ungewöhnlichen Sprungturm aufwarten, einen Steg gibt es auch und ein freundlicher Kiosk oder der Biergarten an der »Alten Villa« sind nicht weit.

One is rarely alone on the bathing lawn at Utting. This is because it has an almost unique diving tower, a jetty, a friendly kiosk, and a beer garden at the "Alte Villa" within walking distance.

Non, vous n'êtes pas seul à la plage d'Utting. Il faut reconnaître qu'aucune plage ne peut rivaliser avec ce plongeoir vertigineux. Il y a aussi un ponton, par ailleurs un kiosque sympathique et la terrasse de la «Alte Villa» sont à deux pas d'ici.

Das Ufer am Badestrand von Utting ist flach. Er ist deshalb für Kinder bestens geeignet.

The shore at Utting's bathing lawn is completely flat. It is therefore highly suitable for children.

La rive de la plage d'Utting est peu profonde. C'est pourquoi elle est idéale pour la baignade des enfants.

Lange stand der Ammersee im Schatten des Starnberger Sees. Doch da es sich hier ruhiger und billiger leben ließ, sammelten sich um 1900 immer mehr Maler an den Ammerseeufern. Zu ihnen gehörte auch die Blumenmalerin Anna Sophie Gasteiger, die zusammen mit ihrem Mann in Holzhausen wohnte. In ihrem Haus ist heute ein kleines Museum eingerichtet.

For a long time Ammersee stood in the shadow of Starnberger See. But because it was quieter and cheaper to live here, around 1900 more and more artists began to settle on its shores. Among them was the flower painter Anna Sophie Gasteiger, who lived with her husband in Holzhausen. Their house is now a small museum.

Longtemps le lac de Starnberg était plus prisé que le lac Ammer. Mais comme on peut y vivre en toute quiétude et que la vie y est plus abordable, de nombreux peintres établirent leur domicile vers 1900 sur les rives du lac Ammer. Le peintre floral Anna Sophie Gasteiger en fit partie; elle habita avec son mari à Holzhausen. Sa maison abrite aujourd'hui un petit musée.

Das »Künstlerhaus Gasteiger« liegt herrlich inmitten eines Landschaftsparks am See. Es war für viele Jahre der kreative Treffpunkt der »Holzhausener Kolonie«, zu deren Mitgliedern Künstler der 1899 gegründeten Künstlergemeinschaft »Scholle« zählten, so der Hausherr und Bildhauer Matthias Gasteiger und Eduard Thöny, Zeichner beim »Simplicissimus«.

The "Künstlerhaus Gasteiger" is situated in the middle of a beautiful landscaped park on the lake. For many years it was the creative meeting point of the "Holzhausen Colony", whose members included the artists of the "Scholle" artists' community, such as the host and sculptor Matthias Gasteiger and Eduard Thöny, an artist for the satirical magazine "Simplicissimus".

La «Künstlerhaus Gasteiger» est magnifiquement située au centre d'un parc paysager au bord du lac. Ce fut pendant de nombreuses années le rendez-vous créatif de la «colonie de Holzhausen» dont faisaient partie les artistes du groupe d'artistes «Scholle», tels que le maître de maison et sculpteur Matthias Gasteiger et Eduard Thöny, dessinateur de «Simplicissimus».

Schnörkellose architektonische Schönheit und gleich daneben festlich-heitere Üppigkeit, das findet sich in Dießen am Ammersee. Die Winterkirche St. Stephan, früher Marstall des ehemaligen Augustinerchorherrenstifts mit dem bekannten Marienmünster, schmücken unverputzte Ziegel, wie sie in Dießen schon im Mittelalter gebrannt wurden.

Unadorned architectural beauty and festive, cheerful exuberance can be found next to each other in Diessen. The Winter Church of St Stephen, in the past the stables of the former Augustinian Canon Monastery with the well-known St Mary's Minster, is lined with exposed brick fired in Diessen in the Middle Ages.

Une beauté architecturale sans fioritures, côtoyant l'opulence gaie et festive, tout cela existe à Diessen au bord du lac Ammer. L'église d'hiver Saint Stephan, autrefois écuries du cloître des Augustins avec la célèbre cathédrale de Maria, est faite de tuiles non crépies, telles qu'elles étaient cuites au Moyen-Âge à Diessen.

Das Wallfahrtskirchlein St. Alban in Dießen soll um das Jahr 1000 von der heiligen Kunissa aus dem Geschlecht der einst mächtigen Grafen von Dießen und Andechs gestiftet worden sein. Um 1770 erhielt das kleine Gotteshaus eine neue Ausstattung im zierlichen Rokoko.

The Pilgrimage Church of St Alban in Diessen is said to have been founded around 1000 by Saint Kunissa, a member of the once powerful Diessen-Andechs dynasty. Around 1770 the small church was redecorated in the delicate rococo style.

La petite église de pèlerinage Saint Alban à Diessen fut construite par sainte Kunissa de la dynastie des comtes de Diessen et Andechs puissants à l'époque. Vers 1779 la petite église fut restaurée dans un fin style rococo.

Der Maler Johann Georg Bergmüller hat in der ehemaligen Stiftskirche und heutigen Pfarrkirche Mariä Himmelfahrt in Dießen 1736 sein Hauptwerk geschaffen. Im Zentrum steht der »Dießener (Heiligen-)Himmel«, der Heilige und Selige aus dem Geschlecht der Grafen von Dießen-Andechs zeigt. Die Kirche wird auch Marienmünster genannt.

The artist Johann Georg Bergmüller created his masterpiece in the former monastery church and current Parish Church of the Assumption in Diessen in 1736. At its centre is the "Diessen (Saints') Heaven" with the saints from the Diessen-Andechs dynasty. The church is also called St Mary's Minster.

Le peintre Johann Georg Bergmüller réalisa en 1736 à Diessen son œuvre principale dans l'ancienne église collégiale et actuelle église paroissiale Mariä Himmelfahrt. Au centre se détache le «Diessener (Heiligen-)Himmel», (le ciel des saints de Diessen) qui illustre les saints et les bienheureux de la dynastie des comtes de Diessen-Andechs. L'église est aussi nommée la cathédrale de Maria.

Seite 87:
Blick über die verlandenden Ufer des Ammersees auf das Marienmünster und die Gebäude des ehemaligen Augustinerchorherrenstifts

Page 87:
The view across the silted shore of Ammersee towards St Mary's Minster and the building of the former Augustinian Canon Monastery

Page 87 :
Vue de la rive alluvionnée du lac Ammer sur la cathédrale de Maria et sur le bâtiment de l'ancien cloître des Augustins

Dieser Steg vor einem der Bootshäuser in Dießen (Seite 88) lädt zum Rasten ein und das besonders dann, wenn sich entlang der Promenade die Stände des bestens besuchten Dießener Töpfermarktes (Seite 89) ausbreiten. Glücklich, wer sich kurz hier niederlassen und sein Baguette mit geräuchertem Ammersee-fisch in Ruhe verzehren kann.

This jetty in front one of the boat houses in Diessen (page 88) is an ideal resting place, especially when the highly popular Diessen Pottery Market is taking place and the promenade has been taken over by stallholders (page 89). What better place could there be for eating one's smoked-fish baguette.

Ce ponton devant un hangar à bateau à Diessen (page 88) invite à faire une pause et en particulier à flâner quand sont dressés, le long de la promenade, les stands du marché très populaire de la poterie (page 89). Quel bonheur que celui de s'arrêter ici et de déguster en toute tranquillité un morceau de baguette avec du poisson fumé du lac.

Freistaat
Bayern

Seite 90:
Die Ausstellung der Arbeitsgemeinschaft Dießener Kunst im Pavillon an der Uferpromenade beweist: Kunst ist in Dießen immer noch zu Hause. Dreißig Künstler zeigen dort Beispiele ihrer Arbeiten aus Atelier oder Werkstatt, darunter kunstvolle Töpferwaren oder diese kleinen Kunstwerke der Zinngießereien Babette oder Wilhelm Schweizer.

Page 90:
The exhibition held by the Diessen Art Association in the pavilion on the waterfront is proof that art is still at home in Diessen. On display are works from the studios and workshops of thirty artists, including artistic pottery and these small works of art from the Babette Schweizer or Wilhelm Schweizer Pewter Foundries.

Page 90 :
L'exposition du groupe de travail «Diessener Kunst», (Art de Diessen) présentée dans le pavillon de la promenade du lac prouve que l'art se porte toujours bien à Diessen. Trente artistes y exposent des échantillons de leurs travaux en atelier : par exemple de poteries décoratives ou ces petits chefs-d'œuvre d'étain des artisans étameurs Babette ou Wilhelm Schweizer.

Malerisch reihen sich in der Herrenstraße gedrungene alte Bürger- und Gasthäuser aus dem 17. und 18. Jahrhundert aneinander. Dahinter erhebt sich der Turm des Dießener Marienmünsters. Einer der bekanntesten Bürger Dießens war der Komponist Carl Orff (1895–1982). Im Rinkhof ist ihm ein Museum gewidmet.

In Herrenstrasse, the picturesque 17th and 18th century houses and taverns are lined up next to each other. Behind them stands the tower of Diessen's St Mary's Minster. One of Diessen's most prominent citizens was the composer Carl Orff (1895–1982). A museum is dedicated to him in Rinkhof.

Vue pittoresque de la Herrenstrasse où se côtoient de vieilles demeures bourgeoises et des auberges du 17e et 18e siècle. À l'arrière se dresse le clocher de la cathédrale de Maria. L'un des citoyens les plus connus de Diessen était le compositeur Carl Orff (1895–1982). Un musée lui est consacré à Rinkhof.

Winterruhe im Naturschutzgebiet Ammermündung im Süden des Ammersees: Hier ist der Mensch das ganze Jahr über nur Zuschauer und Gast. Das Naturschutzgebiet ist ein wichtiges Rückzugsgebiet vor allem für Wasservögel, aber auch für andere Tiere und Pflanzen, die in Mooren und am Wasser leben.

The Ammermündung nature reserve at the mouth of the Ammer river in the south of Ammersee. Here mankind is a mere spectator and guest the whole year round. The nature reserve is an important habitat for water birds in particular, but also for other animals and plants that live in marshes and on water.

Calme hivernal dans la réserve naturelle à l'embouchure de l'Ammer au sud du lac Ammer : Ici toute l'année l'homme y est ou spectateur ou hôte. La réserve naturelle est un lieu de refuge principalement pour les oiseaux aquatiques, mais aussi pour d'autres animaux ou plantes vivant dans le marécage et au bord de l'eau.

Der Ammersee bei Aidenried

The Ammersee near Aidenried

Le lac Ammer près d'Aidenried

Ende Mai, Anfang Juni überzieht ein auffällig blauer Teppich die nassen Moorwiesen des Naturschutzgebietes Ammermündung. Das sind die großen Blüten der Sibirischen Schwertlilie. Für Kenner nicht minder spektakulär, wenn auch nicht gleich von der Straße aus sichtbar, ist die Blüte selten gewordener Orchideen.

At the end of May and beginning of June, a striking blue carpet covers the wet marsh lands of the Ammermündung nature reserve. These are the large flowers of the Siberian iris. Orchids in bloom are no less spectacular, although not immediately visible from the roadside.

Fin mai, début juin un tapis bleu très voyant recouvre les prairies marécageuses et humides de la réserve naturelle de l'embouchure de la Ammer. Ce sont les grandes fleurs des iris de Sibérie. Les connaisseurs peuvent aussi admirer les orchidées devenues rares, même si elles ne sont pas aussi visibles de la route.

Blick vom Naturschutzgebiet Ammermündung in die Alpen: Wir verdanken dieses Idyll der Einsicht, dass Naturschönheit und -vielfalt Weite und Ruhe brauchen und nicht immer der gestalterischen Pflege des Menschen bedürfen.

The view from the Ammermündung nature reserve towards the Alps. We owe this idyll to the realization that natural beauty and diversity need space and tranquillity and not always our guiding hand.

Vue de la réserve de l'embouchure de la rivière Ammer dans les Alpes : soyons reconnaissant devant cette idylle dont nous devons la beauté naturelle et la diversité à l'espace et au calme; intervention de l'homme n'est pas toujours nécessaire.

Ein wahrer Kontrapunkt in der bäuerlichen Kulturlandschaft rund um den Ammersee sind die riesigen Antennen der Erdfunkstelle in Raisting (links). Die Spiegel haben Durchmesser zwischen sieben und zweiunddreißig Metern und stellen den Kontakt zu Satelliten her. So sichern die Antennen die weltweite Kommunikation, die für uns heute selbstverständlich ist. In Sichtweite der Riesenantennen steht die ehemalige katholische Wallfahrtskirche St. Johannes der Täufer (rechts), das allerdings nicht erst seit wenigen Jahrzehnten. Sie soll auf eine Gründung des legendären Agilolfingerherzogs Tassilo III. (circa 741–796) zurückgehen und wurde 1428 erstmals nachweislich erwähnt.

One startling element in the rural landscape around Ammersee are these giant antennas belonging to the earth station in Raisting (left). The mirrors have a diameter of between seven and thirty-two metres and make contact with satellites, securing the global communications we nowadays take for granted.
Within sight of them stands the former Catholic Pilgrimage Church of St John the Baptist (right), and has done so for far longer than the antennas. It was allegedly founded by the legendary Agilolfinger duke, Tassilo III (circa 741–796), with the first written reference to it dating back to 1428.

Les gigantesques antennes des émetteurs terrestres de Raisting (à gauche) représentent un véritable contraste dans la campagne des environs du lac Ammer. Les miroirs ont un diamètre mesurant entre sept et trente-deux mètres et créent le contact avec les satellites. C'est ainsi que les antennes garantissent la communication à l'échelle mondiale, chose évidente pour nous aujourd'hui.
Près des gigantesques antennes on aperçoit l'ancienne église catholique de pèlerinage Saint Jean Baptiste (à droite), qui elle par contre, se trouve ici depuis de nombreuses décennies. Elle fut soi-disant construite par le légendaire duc Agilolfinger Tassilo III (ca. 741–796) et ne fut mentionnée pour la première fois qu'en 1428.

Zwei Schlösser erinnern an die historische Bedeutung des alten Landgerichtssitzes Pähl im Südosten des Ammersees: das Hochschloss (im Bild) am Berghang hinter der Kirche St. Laurentius und das Untere Schloss im Ort. Von Pähl aus führen abwechslungsreiche Wanderwege zum Kloster Andechs oder in die wildromantische Pähler Schlucht.

Two castles testify to the historic importance of the old district court seat of Pähl southeast of Ammersee: the High Castle (pictured) on the hillside behind the Church of St Lawrence, and the Lower Castle in the town itself. From Pähl a number of varied hiking trails lead to Andechs Monastery and into the romantic Pähler Gorge.

Deux châteaux témoignent de l'importance historique de l'ancien siège du tribunal de grande instance de Pähl au sud-est du Ammersee : Le château supérieur (photo) sur le versant de la colline derrière l'église Saint Laurentius et le château inférieur dans le village. Au départ de Pähl des chemins de randonnée variés conduisent dans les gorges de Pähl.

Die Andechser Klosterkirche Mariä Verkündigung wurde Mitte des 15. Jahrhunderts von Herzog Ernst von Bayern errichtet. Zwischen 1751 und 1755 erhielt sie durch den greisen Johann Baptist Zimmermann und andere große Künstler ihre prächtige Rokokoausstattung. Die Gestaltung des Kirchenraumes wirkt sehr geschlossen und einheitlich. Das anmutige Gnadenbild im Zentrum des Hochaltars wird dem Münchner Bildschnitzer Ulrich Neunhauser, genannt Kriechbaum, zugeschrieben. Zusammen mit dem angeschlossenen Kloster zählt die Klosterkirche zu den beliebtesten Ausflugszielen in Bayern, wozu natürlich auch der weitläufige Biergarten beiträgt.

The Church of the Annunciation at Andechs Monastery was built in the mid-15th century by Duke Ernst of Bavaria. Between 1751 and 1755 it was decorated in the magnificent rococo style by the aged Johann Baptist Zimmermann and other great artists. The design of the church interior is closed and uniform. The charming icon of grace in the centre of the high altar is attributed to the Munich sculptor Ulrich Neunhauser, also called Kriechbaum. In conjunction with the adjacent monastery, the monastery church is one the most popular excursion destinations in Bavaria, with the large beer garden naturally contributing to its popularity.

L'église du monastère d'Andechs Mariä Verkündigung (l'Annonciation) fut construite au milieu du 15e siècle par le duc Ernst de Bavière. Entre 1751 et 1755 elle fut restaurée en somptueux rococo par Johann Baptist Zimmermann alors très âgé et par d'autres grands artistes. L'aménagement de l'intérieur de l'église est très compact et homogène. Le gracieux ex voto situé au centre du maître-autel est l'œuvre du sculpteur munichois Ulrich Neunhauser, nommé Kriechbaum. Avec le monastère mitoyen, l'église du monastère fait partie des excursions favorites en Bavière. Bien sûr la spacieuse terrasse de la brasserie contribue aussi à son succès.

Bereits im 11. Jahrhundert sollen sich der Legende nach in der Burg der Grafen von Andechs wundertätige Reliquien befunden haben. Die Sorge um die Wallfahrt zu diesem Heiltumsschatz übernahmen im Jahr 1455 Benediktinermönche. Sie brachten die Kunst des Bierbrauens mit und wirken bis heute auf dem »Heiligen Berg«.

In the 11th century, according to legend, miraculous relics were found in the castle of the Counts von Andechs. In 1455, Benedictine Monks were charged with looking after these relics and pilgrimages to the site. They brought with them the art of brewing and have remained active on the "Holy Mountain" to this day.

Dès le 11e siècle selon la légende, des reliques miraculeuses se trouvaient dans le château des comtes d'Andechs. Les moines bénédictins se chargèrent en 1455 du pèlerinage vers ce trésor sacré. Ils introduisirent l'art de brasser la bière et participent encore aujourd'hui activement sur la «Heiliger Berg», (montagne sacrée).

Seite 100:
Herrschinger Impressionen: Abend an der Seepromenade im Kurpark (links oben); die kleine Seejungfrau mit Wels von Hilde Grotewohl an der Promenade (rechts oben). Im warmen Abendlicht landen die letzten Ruderboote an und auch am Steg verlagern sich die Aktivitäten langsam aus dem Wasser ans Ufer (unten).

Page 100:
Impressions of Herrsching: evening on the lakeside promenade in the Kurpark (above left); the Little Mermaid with the Catfish by Hilde Grotewohl on the promenade (above right). In the warm evening light, the last rowing boats land on shore, and on the jetty too things gradually wind up for the day (below).

Page 100 :
Impressions de Herrsching : ambiance du soir le long de la promenade dans le parc (en haut à gauche); la petite sirène avec un silure de Hilde Grotewohl au bord de la promenade (en haut à droite). Dans la chaude lumière du soir les derniers bateaux à rames rentrent et le long du ponton on sort lentement de l'eau pour rejoindre la rive (en bas).

Der Maler Ludwig Scheuermann baute 1888 als einer der ersten Seeanlieger auf dem Schwemmkegel des Kienbaches eine neugotische Sommervilla und umgab sie mit einem ausgedehnten Park. Dieser ist nun Kurpark und seine Villa zum »Kurparkschlössl« geworden, das den repräsentativen Rahmen für Trauungen, Konzerte und Ausstellungen bildet.

In 1888, the artist Ludwig Scheuermann was one of the first to build a neo-Gothic summer villa on the alluvial cone of the Kienbach stream. He surrounded it with an extensive park, which is now the Kurpark, and his villa has become the "Kurparkschlössl" or "Kurpark Castle", a prestigious location for weddings, concerts and exhibitions.

Le peintre Ludwig Scheuermann fut le premier des riverains du lac à construire en 1888 sur le cône alluvial du Kienbach une villa estivale néogothique qu'il entoura d'un parc spacieux. Aujourd'hui le parc thermal et sa villa le «Kurparkschlössl», (petit château du parc thermal) offrent un cadre représentatif et élégant pour des mariages, des concerts et des expositions.

Feuerzauber, Kulinarisches, Kunst und Kuriositäten vor der traumhaften Kulisse des nachtblauen Ammersees – das alles bietet der sommerliche Nachtmarkt in Herrsching.

Fireworks, food, art and curiosities, with the midnight-blue Ammersee as a magnificent backdrop – all features of the summer Night Market in Herrsching.

Magie du feu, plaisirs gastronomiques, art et curiosités avec en coulisses de rêve le lac Ammer dans sa robe bleu nuit – c'est le programme du marché estival nocturne de Herrsching.

Abschied von einem schönen Sommertag am Dampfersteg in Herrsching

Farewell to a beautiful summer day on the landing stage in Herrsching

Fin d'un beau jour d'été sur le ponton d'embarquement à Herrsching

Die Fahrten über den Ammersee eröffnen neue Perspektiven auf den See und die Landschaft an seinem Ufer. Sie lassen sich gut mit verschiedenen Ausflügen oder der Besichtigung von Sehenswürdigkeiten kombinieren, die man auf diese Weise recht entspannt erreicht.

Boat trips on Ammersee open up new perspectives on the lake and the scenery along its banks. They can easily be combined with various sightseeing excursions, and represent a relaxed way of reaching the respective destinations.

Les trajets en bateau sur le lac Ammer offrent de nouvelles perspectives sur le lac et le paysage du rivage. Il est possible de les combiner avec différentes excursions ou la visite de curiosités, permettant ainsi de se divertir en toute détente.

Die Schifffahrt auf den Seen erfreut sich vor allem im Sommer großer Beliebtheit, egal ob auf dem Raddampfer »Herrsching« oder auf anderen Schiffen am Ammersee oder am Starnberger See. Dann sind die begehrten Deckplätze im Freien rasch belegt und es kann zu Warteschlangen kommen.

Boat trips on the lakes are especially popular in the summer, whether on the paddle steamer "Herrsching" or on other ships on Ammersee or Starnberger See. The coveted outdoor seats are quickly occupied and there can even be queues for them.

La navigation sur les lacs est très appréciée surtout l'été, que ce soit avec le bateau à aubes «Herrsching» ou d'autres bateaux sur le lac Ammer ou Starnberg. Alors les places à l'air libre sur le pont sont très vite occupées et il peut se former des files d'attente.

Das ruhige Wasser im Uferbereich als Himmelsspiegel, dicht bewachsene und naturbelassene Ufer – wie hier in Buch präsentiert sich das Ostufer des Ammersees zwischen Herrsching und Stegen immer wieder.

The calm waters near the shore reflecting the sky, and a lush and unspoilt shoreline – a typical scene on the eastern shore of Ammersee between Herrsching and Stegen.

L'eau paisible du rivage fait miroiter le ciel, la rive et sa végétation luxuriante, restée à l'état naturel – comme ici dans le livre, une vue typique de la rive est du lac Ammer entre Herrsching et Stegen.

Ein landschaftlich sehr reizvoller Wanderweg verbindet die Ammerseeorte Herrsching und Stegen und meistens verläuft er sehr nahe am See wie hier im Rieder Wald bei Breitbrunn. Aber ein paar Kilometer sind es schon bis zum Ziel. Doch je nach Tageszeit und Fahrplan lässt sich entweder der Hin- oder der Rückweg wunderbar mit dem Dampfer abkürzen.

A very scenic walking trail connects Herrsching and Stegen, and generally runs very close to the lake, as here in the Rieder Forest near Breitbrunn. Being several kilometres long, it is quite strenuous. However, depending on the time of day and shipping timetables, it can be easily shortened using the steamer.

Un sentier de randonnée plein de charme relie Herrsching et Stegen et le plus souvent il longe de près le lac comme ici à Rieder Wald près de Breitbrunn. Encore quelques kilomètres avant d'atteindre le but. Mais ce n'est pas un problème, car selon le moment de la journée et les horaires saisonniers il est aussi possible de raccourcir le retour en prenant le bateau.

Ein ereignisreiches Jahr geht im Fünfseenland zu Ende. Am Ammersee und anderswo sind die Boote bereits winterfest eingepackt. Das Land und seine Bewohner kommen langsam zur Ruhe, bis im nächsten Jahr wieder viele, viele Menschen kommen, die dieses Seenland vor den Alpen lieben.

An eventful year approaches its end in the Five Lakes Region. At Ammersee and elsewhere the boats have already been packed up for the winter. The region and its inhabitants can slowly wind down until the thousands who love this alpine-lake region once again arrive here next year.

Une année riche en évènements se termine au pays des cinq lacs. Au lac Ammer les bateaux sont déjà prêts à hiverner. La région et ses habitants retrouvent lentement le calme avant l'arrivée, l'année prochaine, de tous ceux qui aiment tant ce paysage lacustre au pied des Alpes.

n. Grafrath
n. Fürstenfeldbruck
Amper
Würm
n. Landsberg
Greifenberg
Stegen
Inning
Grünsink
Weßling
Weßlinger See
Gauting
n. München
Windach
Bachern
Buch
Wörthsee
Steinebach
Schondorf
Breitbrunn
Oberalting
Pilsensee
Seefeld
Utting
Holzhausen
Ammersee
Herrsching
Starnberg
Würm
Maisinger See
Pöcking
Andechs
Berg
Möhrlbach
Possenhofen
Leoni
Aufkirchen
Dießen
Aidenried
Feldafing
Rosen-
insel
Weipertshausen
Raisting
Tutzing
Wolfratshau
Rott
Pähl
Ilkahöhe
Starnberger See
Ammerland
Münsing
Ammer
Holzhausen
Degerndorf
Zellsee
Bernried
Ambach
Buchscham
Weilheim
Seeshaupt
Loisach
n. Schongau
Peißenberg
Ammer
Osterseen
Iffeldorf
n. Bad Tölz
C.V. 2013